Journal of East Asian Humanities 2016 年卷

Robin Visser、樂鋼 主編

韓晗 執行主編

《東亞人文》年刊學術委員會

卷首語

　　2016年不是一個寧靜的年份，世界局勢風雲動盪，難民、經濟危機、冷戰思維依然困擾著這個時代前行的步伐，不同族群、國家與黨派之間的共識尤其難得，人文精神似乎有繼續失落的可能。媒體專欄作家們的焦慮彷彿不無道理，因此，我們應當重提人文精神與共識的意義，《東亞人文》能夠以跨國界的形式出刊，和大家努力合作的精神是分不開的，人文學者們的共識與合作，是一個時代最為珍貴的精神財富。

　　感謝劉再復先生對敝刊一直以來的鼎力提攜，本期惠賜大作，敝刊榮幸之至。按照學術期刊慣例，特以頭條特稿的形式隆重刊發。同樣感謝敝刊另外幾位投稿者，他們的稿件充滿著真知灼見與難得的洞悉力，反映了人文學者們不凡的眼光。

　　學者們在本期《東亞人文》中討論了幾個重要的問題，既有二十世紀中國學術、文化與思想的轉型這樣的宏大敘事，也有對於文化領域「失蹤者」的探尋，以及對於中國人宗教信仰歷史的追溯。值得稱道的是，幾位年輕投稿者的文章得以在本期刊發，這是未來東亞人文研究的希望所在。

　　在這個值得被銘記的2016年，為敝刊付出良多的學術委員們在自己的學術領域中取得了傑出的不凡成就：孫康宜教授榮膺中央研究院院士名銜、張隆溪教授榮任國際比較文學學會（ICLA）主席、陳曉明教授榮任北京大學中文系主任、李鳳亮教授榮任中國共產黨南方科技大學委員會副書記（副校長級）、胡智鋒教授榮任北京師範大學藝術與傳媒學院院長。

　　編委會特別對上述幾位學術委員謹致賀意，感謝大家為敝刊所付出的辛勞。

目次
CONTENTS

詩與哲的共鳴交響

劉再復

香港科技大學高等研究院客座高級研究員

50年前上學期間，就讀了亞里斯多德的《詩學》這部產生於西元前335年的名著。從那時候起，我就期待能閱讀到中國學者用方塊字寫成的一部「詩學」，尤其是現代詩學。後來我讀到了朱光潛先生的《詩論》，錢鐘書先生的《談藝錄》，還讀了他們之前的許多中國詩話、詞話等，但仍然期待一部涵蓋古今中外詩歌風貌、具有廣闊視野的現代詩學著作，讀後可瞭解現代詩歌的詩核詩心，又能瞭解現代詩歌基調的史論皆宜的著作。這種期待持續了五、六十年，直到去年（二〇一六）秋天，我來到香港科技大學人文學部和高等研究院，才從劍梅那裡發現米家路所著的《望道與旅程：中西詩學的幻象與跨越》、《望道與旅程：中西詩學的迷幻與幽靈》。它正是我期待的詩學，其詩學主題，詩識詩心，其涵蓋的詩歌及相關的藝術、文學、文化內涵等均出於我的意料之外，我用近5個月業餘時間不斷閱讀，每讀一章，都被啟迪。米家路是劍梅的北大學長，劍梅把我的讚美告訴遠在北美的米家路，他竟然要我為他的這部集子作序，我開始覺得此著作分量太重，密度非常，難以說清其成就，於是猶豫了，後來則擔心功利的世界（包括人文世界）會忽略這部扎扎實實、確有非凡價值的詩學著作，所以就提筆寫下一些感想。

一

多德的《詩學》，企圖界定文學的第一門類詩歌，即給詩歌下定義。他和柏拉圖一樣，認定詩歌與音樂、舞蹈、繪畫和雕塑，皆以「模仿」為創作原則，彼此的區別只在於模仿的手段、對象、方式不

同。悲劇旨在模仿好人，而喜劇則旨在模仿壞人。我們能讀到的《詩學》第一卷，論說的是悲劇與史詩，而第二卷（論述喜劇）並不完整。兩千多年過去了，我們今天再讀亞里斯多德的《詩學》，總覺得它的文心（「模仿」說）已不能充分說明詩歌。古希臘產生的詩學經典畢竟離我們太遠。米家路巨著的詩歌視野顯然比亞里斯多德深廣精彩得多。米著全書分為四卷，既涉獵詩歌，也涉獵小說、散文、電影、繪畫和大文化思索。[1]但詩論是它的出發點也是它的興奮點和歸宿點。四卷中的卷一，題為《詩鄉——放逐與還鄉》；卷二為《詩遊記——詩眼東張西望》。有這兩卷墊底，全書主脈、主題、主旨便格外分明。尤其是第一卷，它道破了中西現代主義詩歌的主題乃是「放逐與還鄉」。這一主題擊中要害，可謂「明心見性」，即明詩心，見詩性。關於「還鄉」，米家路說得很清楚：

> 現代詩人所「還」的「鄉」絕不僅僅意指一個與之相對應的鄉村的回返。本文中的「鄉」的意思還包括自然本身（自然之物，本樣本原世界等）和精神本體世界（即終極性，真善美的「家園」）。後者是前者得以神聖化移情的根據；前者是後者得以顯現的媒介（mediation）。也就是說，詩人是在對都市化進行否決之後所發出的對鄉村，始原世界和精神家園的「還鄉」行為。現代詩人為何要否棄一向被視為文明，創新，自由，現代性和「社會進步無可爭家園」的都市呢？難道大都市的發展真違反了人生命自然形態的內在合理和內在需求嗎？事實上，一種令人困惑的悖論是：一方面，人們對工業化，都市化的快速發展所帶來的物質進步與生活條件的改善感到歡欣鼓舞，而另一方面，他們卻總感到絕望，憂鬱，不適，壓抑，恐懼，沮喪，空虛和焦慮；一方

---

[1] 編按：米家路原全書分為四卷，今因篇幅考量，將原書卷一〈詩・想・鄉：放逐與還鄉〉與卷二〈詩遊記：詩眼東張西望〉合為《望道與旅程：中西詩學的幻象與跨越》；原書卷三〈幽靈性邏輯：詭異的異托邦想像〉與卷四〈迷幻凝視：虛擬的後人類想像〉合為《望道與旅程：中西詩學的迷幻與幽靈》。

面他們生活在由鋼鐵，混凝土和玻璃所構造起來的全封閉式的高樓大廈裡身感安全，但另一方面，他們總存有一種無家可歸，無處安心的失落感。何以如此？現代人為何這樣矛盾重重？要解答此一惑人的問題，我們必須對都市現代人生存的心理狀態，勞動方式以及終極關懷問題進行考察以診斷出現代人在資本主義社會中的精神症狀。

米家路的整部詩學論著，可視為「放逐」與「還鄉」的主題變奏。「放逐」與「還鄉」都是隱喻性極為豐富的關鍵性範疇。所謂「放逐」，有被迫放逐，有自我放逐，有政治放逐，有社會放逐。米家路講述的是美學放逐，也可以說是詩情放逐。詩人棲居的家園被現代化的潮流吞沒了，詩人的本己存在被潮流卷走了，世界被異化，被物化，被僵化與被機器化，詩人無家可歸，真人無可逃遁，唯一可以「自救」的道路便是「還鄉」，即回到本真的村莊，本真的土地，本真的存在，本真的自我。米家路發現，一切現代優秀詩人，都是渴望擺脫異化、渴望擺脫物化的詩人，也都是渴望還鄉的詩人。還鄉，意味著人性的複歸，也意味著詩性的複歸。所有傑出的詩人，都天然地加入了「還鄉」的偉大行列。米家路用「放逐」與「還鄉」這個隱喻，極為精當地描述了現當代詩人即工業化、現代化之後的詩人所處的真實困境和他們企圖走出困境的精神狀態。這個大隱喻，形象，凝練，深邃，準確。它高度概說了現代詩人的基本狀態，也為米氏現代詩學找到了精神基點。

現代詩人，早已無從模仿。既無法模仿自然，因為整個世界已經疏離大自然；也無法模仿現實，因為人類的現實生活已經完全偽形化。清醒的詩人作家只能「反思」生活（不是「反映生活」）。整個世界已變成機器場與大商場，有山賣山，有水賣水，有肉賣肉，有靈賣靈。物質愈來愈膨脹，精神愈來愈萎縮，也離詩歌愈來愈遠。詩人們過去發現，詩與政治帝國對立，二者無法相容；現在又發現詩與經濟帝國對立，同樣無法相容。市場繁榮昌盛，但人們的神經全被金錢抓住。財富的邏輯統治一切。世俗社會所追求的高樓大廈，給詩人們形成巨大的壓迫，也

造成美的頹敗和詩的失落。但是，正是這些詩人們最先發現這種頹敗與失落，於是他們抗議，抗爭，掙扎，用詩歌向世界也向自己發出天籟的呼喚，這就是「還鄉」，返回原初的精神故鄉。他們的詩，已不是對現實的模仿，而是對現實的抗爭。他們身無寸鐵，唯一抗爭手段就是歌唱，唯一的存在價值就是詩本身，於是，他們發出點叩問；我們何時存在。叩問之後，他們的回答是「歌唱即存在」。他們歌唱，歌唱「還鄉」；他們沉吟，沉吟「還鄉」；唯有歌唱，唯有寫作，他們才能免於沉淪，才能免於與被異化的社會潮流同歸於盡。他們說，「歌唱即存在」，唯有歌唱，才能自救，才能回到大地與鄉村之中，才能把心靈重新安放在自由的空間之中。他們的還鄉——返向本真角色，簡直是一場偉大的抒情戰役：一場烏托邦的詩意實踐，一場與通靈者、朝聖者、煉丹士的偉大相逢，一場展望「頹敗田園夢」的自我拯救。

米家路全書的開篇之作寫於1991年，離現在已有二十五年。那時他還是北京大學比較文學所的學生，在其老師樂黛雲教授指導下思索。也就是說，在二十五年前，米家路就為他的詩學奠定了堅實的基石。二十五年來，他到西方深造，擴大了視野，深化了學問。在西方的處於飽和狀態的「現代化」環境中，他更深地感受到物質潮流對詩的壓迫，也更深地闡發了青年時代發現的詩心與文心，二、三十年如一日，他不斷奮鬥不斷積累，終於抓住現代詩人的大苦悶和他們展示的詩意夢想，讓我們讀後，不能不讚嘆，不能不讚美！

二

米家路的詩學，既道破了現代詩歌主題，也描述了現代詩歌主體——詩人本身。詩人作為「人」，在現代社會中被消解了。人失去了自己，失去了人的尊嚴與人的驕傲，失去了「人的完整性」。詩的困境背後是人的困境，詩的問題背後是人的問題。米家路用大量的篇幅描述人在工業化、現代化後「喪失自身」的巨大現象，也引出現代傑出詩人何以那麼多的失落感、空無感、空漠感與無家可歸感，米家路說：

物化異化的結果就造成了現代人的普遍自我喪失，人格分裂，人自身的陌生感，精神被壓抑以及孤獨、絕望、憂鬱、厭倦、恐懼、沮喪、空虛與焦慮等精神症狀，加之因終極價值的失落和土地的分離而導致西方人靈魂的無根無依，無家可歸的漂泊流浪感就毫不留情地把現代西方逼到了危機的邊緣和絕望的深淵。

米家路在講述這段話之前還說，

……現代人的靈魂隨波浮逐，無依無靠，因而就產生了無家可歸的虛無感。這是人與宇宙相離後的結果。人在失去了宗教信仰以後便把整個命運都押在了僅作為認識工具或方法的理性之上了，似乎只依靠這萬能的工具性理性就可以征服，盤剝，奴役和佔有大自然。但是，其結果不僅取消了自然本身存在權利的主體——「一個應當共處與人性宇宙中的主體」而且還造成了對自然的破壞，污染，生態失衡等毀滅性的惡果。在馬爾庫塞看來，「商業化了的自然，污染了的自然，軍事化了的自然，不僅在生態學意義上，而且在實存本身的意義上，切斷了人的生命氛圍，剝奪了人與自然的合一，使他成為自然界的異化體。不僅如此，這些空氣和水的污染，噪音，工商業對空曠寧靜的自然空間的侵害，都反過來成了奴役和壓迫人的物質力量。人本與大自然合為一體，相親相和相融的，但都市化卻使人不但脫離是其自身根基與誕生地的土地，而且還演化為大自然的對立面，人從此使成了一個無對象性的孤獨的自我。他第一次發現自己孤身一人暴露在廣袤而漠然的荒野上無根無依，無任何東西前來保護他，猶如一個畸形的胎兒，「退化為最恐怖，最不可名狀的孤獨的自我」。在人遠離上帝又斬斷了他與土地的根系之後，他是作為怎樣一個人生活在大都市之中的呢？

由於人類世界已經產生了巨大的裂變，因此，現代詩人必須充分意識到這種裂變並成為先知先覺者，為還鄉詩人設定的一個尺度和前提條件。也是米氏現代詩學的另一個思想重心。他說：

　　首先，當我們說一個詩人是一位還鄉詩人時，他本人必須是一位覺醒者。即是說，他已意識到了世人的沉淪與墮落，意識到了人的非本真的生活，意識到了因神的隱遁與人們對土地的背棄從而在人心中產生的無家可歸感，無居感與虛空感。最重要的是，他必須洞察到沉淪的世人對家鄉田園的遺忘所鑄成的時代匱乏和時代黑暗。不僅如此，作為一位掌燈引路的還鄉詩人，他還必須觀悉到沉淪的世人在掙扎的耗盡中對家鄉田園的渴念以及傾聽到家鄉田園的焦切召喚。毫無疑問，還鄉詩人同時也必須是一位秉具現代意識的人，但他是這樣一位「現代人」。在容格（Carl Jung）看來，「現代人」（Modern man）應該是覺醒程度最高的人，「他必澈底地感知到作為一個人的存在性……他是唯一發現隨波逐流之生活方式為太無聊的人」。他生活在現代人之中，但他始終站在世界最邊緣，經常「抽打其肉體以便在它遭放逐之前夕使它重新蘇醒」。

　　其次，作為一位還鄉詩人，他必須是一名探險者。我們須從兩重意義上去理解「探險者」一詞的含義。其一，在佛洛伊德看來，文明的過程就是人被壓抑的過程，而無壓抑則屬於潛意識的，前歷史的，甚至前人類的過去的東西，屬於原始的生物過程和心理過程的東西。因此，非壓抑性現實原則的思想就是一個回歸問題，對過去的回歸也就是對未來的解放。然而，工業文明的力量與進步則控制了這種向非壓抑物的回歸，結果，人的潛意識全是淤積的文明的禁忌史與隱蔽史。這些隱藏在人的內心深處的禁忌史與隱蔽史反過來又控制著人，這也是現代人被異化的一個重要原因之一。而作為一位冒險者的還鄉詩人就必須潛入現代人的內心深處，洞悉其祕密，調節個體與群體，欲望與實現，幸

福與理想之間的對應，使其症狀得以醫治於補救，恢復其精神平衡，從而設定一個非壓抑性的沒有異化的新的生存方式。

　　米氏詩學要求詩人必須是覺醒者的理由，說的似乎是現在，但他又往前追溯到一千多年前和兩千多年前。中國的晉代，早就出現了陶淵明這位偉大的田園詩人。他早已唱出「田園將蕪胡不歸」。米家路還發現，在二千多年前的西方古希臘，即在西元前316-260年，就產生田園詩人泰俄克里托斯，之後，在古羅馬又產生了維吉爾這位也呼喚田園的偉大詩人。他們全都發現城鄉的分裂所造成的人類生命的撕裂，上帝將對城市進行末日審判。兩千多年過去了。在二十世紀，中國還產生了頹廢田園詩，米家路以專門一章的篇幅，描述和評價了李金髮，給這位被世人所誤解的「頹廢詩人」重新命名，充分論證他的樂園圖景與「殘酷的心理幻象」，他不是「頹廢」，而是預感到人類生活裂變帶來的生命刺痛，所以他把詩當作自己的精神逃路和自我設置的烏托邦。無論是波德賴爾的家園幻象，還是蘭波的新世界幻象，無論是里克爾的後家園幻象還是李金髮的樂園幻象，都反映了現代詩人的內心焦慮和自我重塑的渴望，都是自我烏托邦的不同呈現形式。

　　米家路的視野投向西方田園詩人的時候，寫出了「淺論英美意象派詩歌」、「詩，現代文化精神的救護者」、「城市、鄉村與西方的田園詩──對一種人類現象語境的『考古學』描述」。既用心又用力，真把詩人的先覺性與先知性描寫出來了。在把視野投向西方的時候，他的另一隻眼睛沒有放棄東方，他丟開一切是非、道德法庭，只用審美眼睛面對二十世紀中國的新詩，於是，他又寫了《張狂與造化的身體：自我模塑與中國現代性──郭沫若〈天狗〉再解讀》、《論黃翔詩歌中的聲音，口頭性與肉身性》、《河流抒情，史詩焦慮與八十年代水緣詩學》，連《論《河殤》中的媒介政體，虛擬公民身分與視像邏格斯》也描述進去，讓人更信服。米氏詩論擯棄一切政治意識形態，只留下審美，建構的是純粹的詩學。

　　米家路對詩人主體的評述與對詩歌主題的評述在邏輯上是完全一致

的，二者一體難分，我在此文中加以區分只是為了敘述的方便。本人在評說希臘史詩時曾說，荷馬所著的《伊利亞特》與《奧德賽》，實際上概說了人生的兩大經驗，一是出發與出征；二是回家與回歸。米家路所描述現代詩人之路，其重心不是出發與出征，而是回歸與複歸，即重在奧德賽之路，因此，他描述的仍是詩人的「反向努力」，即不是向前去開拓、去發展、去爭取，而是向後的複歸嬰兒，複歸質樸和複歸於本真家園與本真角色。米家路所把握的詩人心靈邏輯和詩人精神道路，既準確又深刻。《望道與旅程：中西詩學的迷幻與幽靈》卷一《幽靈性邏輯，詭異的異邦想像》包括下列重要文章：《奇幻體的盲知：卡夫卡與博爾赫斯對中國的迷宮敘事》、《從海景到山景：環球意識，帝國想像與景觀權力政治》、《消費西藏：帝國浪漫與神聖高原的奇觀凝視》、《達摩異托邦》這些論文初讀時令人畏懼，細讀後則讓我們對異化現象又產生新的聯想。

讀進去之後，方知這是在更深邃的層面上書寫詩人的反向努力。達摩面壁九年，彷彿時間停滯了，身體沒有前行，實際上，禪宗祖師在作反向修煉，他揚棄了城市的塵土，繁華的糟粕，心靈的灰塵，重新贏得身心的完整，恢復本真，恢復了禪的純粹。詩人也如達摩，他們在還鄉的路上，需要揚棄身心的塵土與飛煙，需要恢復質樸的內心，需要從迷宮中返回原先的質樸和靈魂的生長的。米家路在描述現代詩人們的掙扎與反抗時，特別注意到里克爾的口號：「誰言勝利，挺住便意味著一切」。在現代化的大潮流中，詩人需要「挺住」，不做潮流中人，只作潮流外人。挺住，不被物質潮流捲走，便是勝利。一是「挺住」，一是「回歸」，米家路的《詩學》給詩人們指明的自救之路既簡單又明瞭。

三

米家路的巨著用很大的篇幅進行哲學式的文化批判。既評介此時席捲西方課堂的「西方馬克思主義」馬爾庫塞、福柯、本雅明等思想家的

文化哲學。還朝前講述了海德格爾等，這一切似乎與現代詩學無關。然而，仔細閱讀之後，就可發現，米家路正在打通詩與哲學，文學與文化。原來，現代詩人們與現代思想家們殊途同歸。他們都發現了世界被異化與物化的大現象，也都發現人（自我）在繁華世界中的沉淪，只不過是他們使用不同的形式和語言進行抗爭而已。讀了米家路關於文化批判的文章，我們便會從更高的精神層面上去理解現代詩人的詩情努力和他們對抗異化的歌唱。毫無疑問，米家路做了一般詩評家難以企及的工作，抵達一般詩論者難以抵達的哲學高度。

打通了詩歌批判與文化批判的血脈，使米氏詩學更為豐富也更為博大。讀了米家路的哲學講述，讓人信服地明白，原來，世上的一群先覺者，詩人與哲人本來都是「還鄉」的同路人，都充斥著無家可歸感與對家園的遺忘感。這些詩人與哲人使用的語言不同，但都在表明「我們全被異化了」，「物化了」，我們已經不是本真的自己。表面上追逐文明，實際上在被放逐，在朝著荒疏的方向滑落。讀米家路的書，開端覺得奇怪，這位詩學家怎麼也談西方馬克思主義諸子，怎麼也熱衷本雅明、馬爾庫塞、阿多諾等「法蘭克福」學派，原來，他們都是現代文明的覺醒者與質疑者，他們的內心都蒙受壓抑並且都渴望擺脫城市與機器的控制，米家路發現，在所有的覺醒者中間，詩人是第一覺醒者，是「先知」。是詩人們用敏銳的感覺率先發現人類正在用自己製造的一切反過來壓迫自己和主宰自己。所有傑出的詩人都是還鄉的詩人，都是最先反抗異化的詩人。正是這些詩人最先潛入現代人的內心深處，洞悉其祕密，並用詩企圖調節個體與群體、欲望與實現、幸福與理想之間的對應，使其現代症得以補救，設定一種非壓抑的沒有異化的新生活方式，即新的烏托邦。正如波特賴爾所言：跳過未知之國的深處去捕獵新奇。即跳過絕望去尋找希望。

米家路詩學中既有卡萊爾、海德歌爾、柏格森與休漠等，也有惠特曼、席勒、艾略特、波德賴爾、蘭坡、龐德、奧登、里爾克、李金髮、穆木天、郭沫若、海子、黃翔、顧城等，哲學與詩融為一冊。於是，米氏詩學，不僅讓人聯想起柏拉圖。在柏拉圖的「理想國」裡，哲學為

王，詩歌為末。不僅是「末」，甚至被驅逐出「理想國」。詩與哲學不可調和，因此，柏拉圖只能擁有哲學，卻未能擁有詩學。而米家路二者相容，並發現二者共同的詩意，這就是對「異化」和「心為物役」的拒絕。正因為如此，米家路對「法蘭克福學派」諸思想家的闡釋也別開生面，擊中要津。於是，在米氏詩學中，詩與哲學相互輝映，詩人與哲人異調同聲，二者構成異常精彩的共鳴與交響。在米家路的歷史描述中，執行「文化批判」的哲學家們是還鄉的「嚮導」，而執行詩歌批判的詩人們也是嚮導，他們都是先知型的嚮導與掌燈人。按照以往的思維慣性，有些讀者可能會要求米家路建構一個詩與哲學同一邏輯的詩學體系。其實這樣做只能束縛全書的主題變奏。米家路的詩學闡發的重心不是實在性真理（科學），而是啟迪性的真理。這種闡釋真理的散發性篇章，比體系性的結構更能明心見性，只不過是需要讀者善於進行聯想性閱讀。米家路本人未必能意識到自己的詩學意義及其貢獻，這些意義與貢獻還是得讓有識的讀者逐步發現，我的這篇序文，肯定只是粗略的開端而已。

2017年1月9日
於香港清水灣

*此文為米家路《望道與旅程：中西詩學的幻象與跨越》、《望道與旅程：中西詩學的迷幻與幽靈》導讀，該書2017年由秀威資訊科技出版。

專題

反思二十世紀：
中國文化的現代性演進

東亞視域下的「中國藝術精神」問題[1]

劉建平

西南大學文學院專任副教授

近年來,對「中華藝術精神」等問題的探討成為學界的熱點問題。而在這一問題上,徐復觀無疑做出了重要的貢獻。徐復觀對「中國藝術精神」問題的探討自上世紀八十年代以來,在國際學界頗受推重,[2]也成為兩岸三地學界的熱點問題,[3]也成為一個有著鮮明時代烙印的審美「範式」。然而,傳統對徐復觀「中國藝術精神」問題的思考都是從「中國視域」出發,發掘徐復觀在中國哲學、美學現代轉型中的意義和價值,而沒有把這一問題擴展到東亞視域下,乃至從更宏闊的全球視野去探討其背後的普適價值,從而不能把握到徐復觀思想的現代意涵。黃俊傑教授在《東亞儒學視域中的徐復觀及其思想》中從東亞儒學視域觀照徐復觀的文化思想,對徐復觀思想中的「東亞視野」進行了頗有創造性的闡發。本文從「中國藝術精神」問題的角度切入,進一步闡發「東

---

[1] 國家社科基金2012年度專案(專案編號:12FZX023);教育部人文社科2011年度專案(專案編號:11YJC720026);2015年度中央高校基本科研專案「『鄉土文學論戰』視域下臺灣文學『主體性』問題研究」(專案編號:SWU1509141)的階段性成果。

[2] 徐復觀的《中國藝術精神》一書,對日本、美國的漢學家都頗有影響。徐復觀在1977年赴美參加「清初學術討論會」,在杜維明處與著名儒學家、日本九州島大學岡田武彥教授會面,徐復觀說:「見面時,他告訴我,在臺灣買到一冊我著的《中國藝術精神》,覺得應介紹給日本學術界,所以正與劉三富君合作翻譯中。」參見徐復觀:〈瞎遊雜記之二〉,見《徐復觀雜文—憶往事》,臺北:時報出版公司,1980年,第64頁。在普林斯頓大學與高友工教授會面時,高友工也「再三稱道我的中國藝術精神一書的第一和第二兩章」。參見徐復觀:〈瞎遊雜記之六〉,《徐復觀雜文—憶往事》,第90頁。

[3] 參見拙著《徐復觀與二十世紀中國美學》,北京:中國社會科學出版社,2015年,第5-9頁。

亞視域」在其美學上的呈現。

一、徐復觀的「東亞視域」

岡倉覺三在《東方的理想》中提出過這樣一個觀點：「亞洲是一個整體」。如果說這個觀點對於整個亞洲而言是富有挑戰性和爭議性的話，那麼在東亞視域下，這一命題則具有歷史傳統的印證和現實的可能性。儘管中國、日本、朝鮮半島以及印度在藝術上有著不同的傳統和風格，但與西方的色彩藝術相比，他們有著顯而易見的共同特徵：他們都是將線描藝術的生命力發揮到極致，他們都是將人與自然的和諧共生看作是藝術的最高境界。尤其是二十世紀以來，發掘出東方藝術的核心精神以回應西方、對抗西方的文化和藝術思潮的侵襲，維護本民族文化的主體性，並試圖通過東方藝術精神來緩解、解蔽西方科技文明的弊端的思想家層出不窮，徐復觀就是其中最傑出的一位。1960年，徐復觀到日本進行文化考察，由日本淪為西方文化殖民地進而反思中國藝術精神或者說東方藝術精神的現代價值，這是徐復觀建構「中國藝術精神」最直接的刺激和推手，也是他面對西方科技文明和「全球化」浪潮，在「東亞視域」下思考什麼是科技發展的目的？什麼樣的生存狀態是人應有的狀態？什麼樣的美是東亞文明所追求的理想境界？因而，由徐復觀所大加詮釋並弘揚的「中國藝術精神」又帶有站在東亞視域下，反思人類文明的發展危機、回應「藝術終結論」思潮的深層意涵。

（一）東方的危機

重構文化的主體性。徐復觀的「中國藝術精神」思想是承接1961年「現代藝術論戰」而來，其直接的發言對象是臺灣現代藝術家，但並不僅限於此。在徐復觀看來，現代藝術是西方文明現代性的外在表徵，對現代藝術的批判也就是對現代性的批判，因而《中國藝術精神》的真正發言對象，又遠遠超越了臺灣或中國本身，而具有站在東亞視域下對西方文化步步緊逼和全球化思潮侵襲的一次精神自衛。徐復觀將「中國藝

術精神」價值體系視之為東方藝術精神的代表並以此來重構東方文化的主體性。

　　二十世紀的中國區別於傳統中國，一個鮮明的特徵就是在外來文化的衝擊之下傳統消亡、偶像崩塌、價值失序，列文森在《儒教中國及其現代命運》中所說的儒家文化「博物館化」[4]以及余英時在《現代儒學的困境》一文中認為儒學在現代社會已成為失去了其寄身之所的「遊魂」[5]都形象描述了這種文化背景，而二十世紀下半葉興起的全球化思潮的衝擊，更加劇了中國人精神上的自我迷失和文化上的身分焦慮——我們從哪里來？我們又該向何處去？我們的精神之根在哪里？這構成了二十世紀「中國藝術精神」問題的現實根源。中國就是東方的希臘、羅馬，日本、朝鮮半島文藝的傳統和價值觀念大都來自於中國，二十世紀中國知識份子對於東方文明主體性的分崩離析有切膚之痛，這種失根的「精神之殤」、「靈魂之裂」典型的表現就是唐君毅的「花果飄零」之感慨和徐復觀的「無慚尺布」的悲願。在《說中華民族之花果飄零》中，唐君毅由對中華民族花果飄零大悲劇的悲憫惻怛之慈悲仁懷，而翻出、擴大、提升為對人類不同民族文化傳統存亡的普世關懷。[6]徐復觀則認為現代人是「在探求宇宙奧秘面前的浮薄者，在奔走駭汗地熱鬧中的淒涼者和由機械、支票把大家緊緊縛在一起的分裂者、孤獨者。」[7]他希望通過對人性論的發掘和東方美的發現，為當代中國人奠定一安身立命的文化根基。可以說，徐復觀之所以能在中國藝術精神的研究中取得較大的成就，根本上乃是因為他站在「東亞視域」下，對被西方科技文明和文化藝術思潮擠壓、解構的東方傳統藝術精神作出了具有開創性的現代詮釋；徐復觀的「中國藝術精神」問題可以看作是二十世紀中國

4　參見[美]列文森：《儒教中國及其現代命運》，鄭大華、任菁譯，北京：中國社會科學出版社，2000年，第342頁。

5　參見[美]余英時：《現代儒學的困境》，載《現代儒學的回顧與展望》，北京：三聯書店，2004年，第56頁。

6　唐君毅：《唐君毅全集》卷七，臺北：臺灣學生書局，1991年，第17頁。

7　徐復觀：〈不思不想的時代〉，《徐復觀文集》（第一卷），李維武編，武漢：湖北人民出版社，2002年，第189頁。

知識份子在憂患意識下重構東方文明主體性的一個嘗試。

（二）人的危機

對西方的反思。二十世紀一個世界性的精神危機就是人的危機，在西方科技、工業、政治體制的宰製下，人淪為機械技術的附庸、物欲的附庸，人的存在價值虛無化，對人的異化問題的反思是徐復觀思想的一個基本出發點。很多學者認為傳統中國哲學「內聖強，外王弱」，事實上，對於二十世紀的中國知識份子而言，最重要且亦最困難的仍然是「良知」如何「在自家心身上作主觀的、內在的、潤澤的表現」。通過審美培育新精神、養成新人格，這是徐復觀詮釋「中國藝術精神」的初衷，也是今道友信所說的「努力向世界美學界展示一個美學新方向。」[8]徐復觀的「東亞視域」體現在他批判以科技為核心的西方文明所造成的人的心靈的空虛化和精神的荒漠化，並呼籲重建人的主體性、恢復生命的高貴與莊嚴的文化立場上。

康得認為，近代以來，「其他一切科學都不停在發展，而偏偏自命為智慧的化身、人人都來求教的這門學問卻老是原地踏步不前，這似乎有些不近情理。」[9]在科技和消費主宰一切的時代，人的價值日漸萎縮。唐君毅認為，中國最重要的問題是人的危機，「現在文化之病在於人之泯失。例如：人在階級膚色種族之觀念中沒了；人在近代軍事中沒了；人在商業社會工業社會中成商品，成齒輪；人在宗教獨斷中互為魔鬼；人在科學技術威脅下，隨時可死……」[10]徐復觀則稱現代社會為「不思不想的時代」，[11]他對現代科技文明造成的異化危機進行了深刻的反思，認為只有「在人的具體生命的心、性中，發掘出道德的根源、人生價值的根源；不假藉神話、迷信的力量，使每一個人，能在自己的

8　[日]今道友信：〈譯者前言〉，《美的相位與藝術》，周浙平、王永麗譯，北京：中國文聯出版公司，1988年。

9　[德]康得：《任何一種能夠作為科學出現的未來形而上學導論》，龐景仁譯，北京：商務印書館，1997年，第4頁。

10　唐君毅：《唐君毅全集》（卷三），臺北：臺灣學生書局，1986年，第53頁。

11　徐復觀：〈不思不想的時代〉，《徐復觀文集》，第一卷，第192頁。

一念自覺之間，即可於現實世界中生穩根、站穩腳；並憑人類的自覺之力，可以解決人類自身的矛盾，及由此矛盾所產生的危機。」[12]徐復觀把莊子精神作為東方藝術精神的代表特加表出，正是出於對西方科技沙文主義的反思並對治二十世紀西方世介面臨的「存在的迷失」所構成的意義的危機的思想困局。

（三）分裂的危機

解蔽現代性。徐復觀通過日本之行切身體會到了西方現代文明的衝擊，「現代之所以成為現代，正是以精神分裂作為其重要的特徵。」[13]這種分裂反映在社會的各個層面，不僅是思想的分裂，而且在同一個社會中，不同意識形態的分裂，都市和農村的分裂，社會精英和普通大眾的分裂乃至國家民族的分裂——分裂構成了現代文明的典型特徵。這種特徵反映在藝術創造上，就是藝術的內容和形式發生了巨大的分裂，「在二十世紀的藝術中，幾乎所有藝術作品，都呈現出與客觀世界無關的藝術家個人精神的直接宣洩，都成了面對藝術家的不安、喜悅的表達。換句話說，是面對作者內部及其自我的東西了。」[14]現代藝術之變形破壞了美的形式規律，成為一種純哲學、觀念的表達，因此徐復觀說：「對形相本身的否定，也是對秩序的否定，這使藝術品成為不能為人所把握的東西。」[15]由此，現代藝術成為內容和形式、人性和欲望、個體與群體分裂的象徵。

中日兩國都以「中和」作為民族精神的基礎，黃俊傑認為，「在徐復觀對中國文化的解釋中，『事實』與『價值』是統一而不是分裂的，『是什麼』與『應如何』也是密不可分的。」[16]東方藝術精神以涵融與和諧為其特徵，在東方藝術中，內容與形式、人與自然、個體與社會、

---

[12] 徐復觀：〈自敘〉，《中國藝術精神》，瀋陽：春風文藝出版社，1987年，第1頁。

[13] 徐復觀：〈櫻花時節又逢君〉，《徐復觀文集》（第一卷），第185頁。

[14] 今道友信：〈現代の課題として〉，Aesthetics，1977(28)，p.1-10.

[15] 徐復觀：《抽象藝術斷想》，《徐復觀文集》（第一卷），第282頁。

[16] 黃俊傑：《東亞儒學視域中的徐復觀及其思想》，第182頁。

生活與藝術是作為一個整體而呈現的,就內容和形式而言,「主觀生命的躍動,投射到某一客觀事物上面,借助某一客觀事物的形相,把生命的躍動表現出來。」[17]就個體與社會而言,「一個人的主宰性呈現時,同時即呈現涵融性,即是同時把社會大眾涵於自己主體之中。」[18]徐復觀出於「對東亞多盡一點責任」[19]的心理,將東方文化藝術精神中追求人與自然的協調、感性與理性的統一、藝術與生活的貫通、「拖著向後的力量」與「拉著人向前的力量」[20]之間相互制衡的「中和」特質加以突顯,以解蔽現代文明的分裂病症。

綜上,徐復觀的「中國藝術精神」問題一方面對以中國為代表的東方文化價值進行「現代詮釋」,另一方面又在「東亞視域」下對西方文明深刻反思,「中國視域」和「東亞視域」構成了徐復觀思想的兩條既交叉又重合的線索。徐復觀在「中國視域」下觀照、反思日本、西方的現代文化,「以日本文化為參照系,思考中國文化的問題;也透過中國文化,而評論日本文化與社會的短長優劣。」[21]在此視域下,中國文化和日本文化存在相互學習、相互借鑒的可能性。同時,面對西方文化的狂飆突進,徐復觀又在「東亞視域」下反思西方文化和藝術精神的弊端,試圖開創出不同於「工業西方」的新的文明型態,「中國視域」和「東亞視域」是徐復觀思想中兩個頗具張力的層面。

二、「中國藝術精神」的意涵

徐復觀從藝術史發展的層面反思東方美學及藝術精神的本質,並在與世界文化藝術精神相互比較、衡量中反觀東方藝術精神的普適價值及其限度,進而重構東方藝術精神的價值體系,他的「中國藝術精神」包

---

[17] 徐復觀:《抽象藝術斷想》,《徐復觀文集》(第一卷),第281頁。

[18] 徐復觀:《中國人文精神與世界危機》,《徐復觀文集》(第一卷),第176頁。

[19] 徐復觀:《人的日本》,蕭欣義編《徐復觀文錄選粹》,臺北:臺灣學生書局,1980年,第84頁。

[20] 徐復觀:《日本的鎮魂劑──京都》,《徐復觀文集》,第一卷,第261頁。

[21] 黃俊傑:《東亞儒學視域中的徐復觀及其思想》,第156頁。

含以下幾個層面：

（一）生命精神是東方藝術的精神本質。比尼恩在上世紀三〇年代反省西方文化的缺失時曾這樣說道：「我們所失去的東西似乎就是生命的藝術。我請各位用心的觀賞另一半球上那些有創造力的成就，那不僅僅是一種令人心曠神怡的消遣品，而且可能會觸發我們對人生以及對生命的藝術所產生的若干有益的觀念。」[22]與西方藝術重視比例、宗教的藝術精神相比，東方美學最重要的一個特點就是一種整體的大生命觀，這種大生命觀不僅包括對一切人類生命的尊重，而且也包括對一切生物，例如昆蟲、植物、神、天地的整體宇宙生命的敬畏，這種大生命觀構成了東方美學的哲學基礎和藝術家的創作基礎。

東方文明的大生命觀是建立在農耕文明基礎上的。日本人由於對大地豐收的渴望和依賴，常將穀物的生長和女性的生殖對等起來，形成了以生命為美的美學風格，比尼恩在欣賞日本的繪畫作品時，尤其讚賞日本藝術家對花的生命所持的態度，「這些花不是被當作人類生活中討人喜歡的附屬品，而是被看作是有生命之物，具有與人類同等的尊嚴。這有力的花兒從泥土裏長出來，亭亭玉立，懸於空中，不住的顫動；它們那種靈敏勁兒，那種從悄悄的花蕾到絢麗的花朵的或慢或快的吐放過程——這些內容要比花兒本身那種可愛的顏色和結構更優先的成為這種藝術的主題。」[23]這一點在中國藝術中也是顯而易見的，中國文學、繪畫都洋溢著一種鳶飛魚躍的生命精神，宗白華指出，「中國畫的主題『氣韻生動』，就是『生命的節奏』或『有節奏的生命』。」[24]這種生命節奏是一種「生命的舞蹈」，而這種「生命的舞蹈」的節奏是暗合於自然的律動的。外在大自然生生不息的規律和內在生命的律動以及藝術作品的「氣韻」，三者是一而三、三而一的關係，這就是東方藝術的精神本質。徐復觀對現代藝術的批評，也不單單是出於對現代藝術表現形式的

---

[22] [英]比尼恩：《亞洲藝術中人的精神》，孫乃修譯，瀋陽：遼寧人民出版社，1988年，第2頁。

[23] [英]比尼恩：《亞洲藝術中人的精神》，第56-57頁。

[24] 宗白華：《宗白華全集》第二卷，合肥：安徽教育出版社，2000年，第109頁。

厭惡，他所真正擔憂的是隱藏在這些變而又變的藝術潮流下的幽暗意識、分裂人格和虛無精神。由此，中西文化之別就是肯定生命價值的性善體認與否認生命價值的罪孽感之差異。

（二）優美之境是東方藝術的審美理想。西方藝術重視崇高、悲劇的藝術精神，對自然優美意境的重視，這是中日美學的共同特點，優美的審美理想所呈現的正是「人與自然的生命關聯」的自然生命系統本根的聯繫。自然是人類的朋友，人類是自然生態系統中的一個重要要素，而不是唯一的要素，也不是最重要的要素，這是現代生態美學的觀點，也早就為中國傳統美學思想所肯認。如果說是希臘人決定了西方思想走向科學的傾向，使它走上了為自身的利益而無止境地追求真理的道路，[25]那麼我們也可以說，是中國人決定了東方思想走向自然的傾向，使東方思想走上了人通過對自然精神的參悟而達到對宇宙真理和存在本質的把握的道路。

東方文明對於世界的認識往往是整體性的，天、地、人、神往往被視作一個有機的整體，萬事萬物之間都存在某種神祕的感應性和一致性，這種聯繫體現為三個層面：追求人內在的身心之和諧，追求人與自然的和諧，追求個體與社會的和諧，這是東方藝術審美理想的精神源頭。要達到內在的和諧，人需要藝術，一個健全的人格，必須接受藝術的薰陶，是所謂「成於樂」；要達到人與自然的和諧，我們需要詩意，優美的審美境界與詩意的人生態度是一體的兩面；要達到個體與社會的和諧，我們需要公共倫理，因而這優美的審美理想又是和東方人的和諧觀念、詩性生存及大倫理觀等密不可分。儘管當下的東方社會還存在著對崇高美、荒誕美仍不能積極的欣賞之[26]等不夠豐富、不夠多元的現象，但是全盤的否定東方藝術優美的審美趣味、理想的意義也不是一種科學的態度。

（三）心靈直覺是東方藝術精神的欣賞方法。在《中國藝術精神》

---

[25] 參見[英]比尼恩：《亞洲藝術中人的精神》，第4頁。
[26] 陳望衡：〈中國古典美學中「美」的概念〉，《中國古典美學二十一講》，長沙：湖南教育出版社，2007年，第401頁。

中，徐復觀認為莊子藝術精神主要體現在：1、重視直覺在審美和藝術中的獨特作用。2、在直覺中達成的天人合一、物我兩忘的自由境界。3、藝術家以這種由直覺思維而把握到的「虛、靜」之心為藝術創造的核心，是中國藝術的精神之源。東方藝術精神重視心靈直覺，作為人性之常的「虛、靜」並不是一般的心理直覺，而是一種「內觀」，它所觀照的對象是在一自由獨立的開放的審美空間中的生命，在此意義上，心靈直覺既是認識論意義上的理性環節，又是本體論意義上的感性結果，是對審美對象感性、理性融合為一體的整體把握，如秦觀《踏莎行》中的「可堪孤館閉春寒，杜鵑聲裏斜陽暮」，歐陽修《玉樓春》中的「直須看盡洛陽花，始共東風容易別」等就不單純是一種風景的再現，同時也是心靈世界的寫照。和帶有科學性的西方藝術精神相比，心靈直覺體現為從生命的層面對對象的一種整體的、直觀的把握。如果說東方的藝術精神以優美為審美理想，容易落入黑格爾對美的層次劃分的「陷阱」中——似乎東方藝術重視形式而忽略內容，重視自然的反映而忽略了藝術的創造，那麼心靈直覺重視的恰恰是對美的直覺性、精神性的領悟而非僅僅是感官刺激。

西方現代藝術重視「感官機能」，往往通過充滿暴力、血腥的殘忍場面，以獲得感官上的新奇和刺激，它是以感官與心靈的分離為其特徵的。因此，它所激發的情緒，也僅僅限於感官上，而不會淨化情感，激發想像，創造意境，徐復觀認為「（現代藝術）對於要看的東西，一眼便看穿，一眼便看到、看盡了。」[27]然而，人類除了耳目感官的極大豐富和滿足之外，心靈同樣需要不斷充實、豐富。如果說在文藝復興之前人類的感知是通過身體感知的時代，那麼科學技術的飛速發展，是我們早就進入到一個超越身體耳目視聽局限性的「科技感知」時代。然而「科技感知」的虛擬化、符號化和概念化並不能使人滿足，人類在追求著一種更為高級的感知世界和彼此溝通的方式，那就是「心靈感知」。和身體感知相比，「心靈感知」打破了生理的局限性，具有更遼闊廣大

---

[27] 徐復觀：〈不思不想的時代〉，《徐復觀文集》，第一卷，第193-194頁。

的感知能力；和「科學感知」相比，「心靈感知」富有形象化和情感化的特點，藝術是心靈最好的呈現形式，藝術就其本質而言，不是模仿，而是揭示；不是宣洩，而是去蔽；不是麻痺，而是喚醒；不是功利的追逐，而是精神價值的尋覓；不是純然的感官享受，而是積極的承諾和人類生命意蘊的拓展。從人性的角度講，通過心靈直覺把握到的人生境界是人生命中最真實的需要，也是人類精神的新開拓。

三、中國藝術精神：全球化時代的東亞主張

美典，即美的典範、美的理想，高友工認為「美典」就是在一個國家文學藝術中所體現出的「文化理想」、「文化價值」，也即能表現一個理想世界的思想與體式，[28]徐復觀對「中國藝術精神」的建構實質上體現了全球化時代中國美學家們建構「東方美典」的努力。徐復觀以莊子精神為東方藝術精神的代表和典型體現，對西方文化和現代藝術展開批判，並由此而在「東亞視域」下，同時也在全人類的視域下，從宗白華的「中國文化的美麗精神往哪里去？」[29]的疑問進而去追問「人為什麼活」[30]、「人類將往何處去？」的問題。

（一）民族的才是世界的

全球化思潮和地域文化、本土化思潮的興起構成了今日世界文化發展的主旋律，越是全球化蓬勃發展的時代，各地域文化越是風起雲湧的復興。近半個世紀以來現代中國知識份子所面臨的處境，正是傳統文化日益被捲入全球化的交替之際，全球化不僅是一種事實的描述，它同時也是一種價值導向和規範，鮑德里亞指出：「對傳統文化在地理上和象徵意義上的多樣性與分歧性，來自於西方的現代性則普照全世界並且迫

---

[28] 參見高友工：《美典：中國文學研究論集》，北京：三聯書店，2008年，第88頁。

[29] 宗白華：〈中國文化的美麗精神往那裏去？〉，《美學散步》，上海：上海人民出版社，1981年。

[30] 李澤厚：《實用理性與樂感文化》，北京：三聯書店，2008年，第243頁。

使世界成為一個同質的統一體。」[31]全球化在某種意義上是以西方社會或文化的標準來吞噬其他文化的合理化，西方文化成為人們認識和描述自身的重要座標，成為當代社會的強勢語境。全球化思潮一方面扮演著文化入侵者的角色，另一方面它又是文化交流、思想解放的啟蒙者，各地域文化在全球化思潮的衝擊下，都面臨著自身身分焦慮和「自明性」的危機，都不得不在更廣闊的視域下對自身進行的一次新的詮釋，韋伯說：「為了不在歷史中迷失，我們不得不建立一些範型。」[32]「中國藝術精神」問題可謂是百餘年來中西文化衝突的一個思想結晶，二十世紀「中國藝術精神」問題所追問的正是「藝術之為藝術的內在規定性是什麼？」、「東方藝術有哪些獨特的思維模式和現代價值？」這樣一個問題。

從臺灣的文化生態來看，二十世紀六、七〇年代是世界經濟全球化大潮湧動的時期，也是臺灣本土文化形成的時期，徐復觀對中國藝術精神的詮釋體現了「全球化」和「本土化」兩大潮流之間互動而又抗爭的緊張關係，[33]從某種意義上講，「中國藝術精神」問題是文藝上「全球視域」和「東亞視域」之間進行的一次碰撞、一次對話。徐復觀對現代文化和西方現代藝術的批判，當然不乏偏激之處，他完全忽視了現代藝術與西方傳統藝術之間的聯繫，也看不到西方現代藝術和東方藝術之間的關聯性，如中國藝術的繪畫技法、表現方式通過日本的浮世繪，對現代藝術的興起起著至關重要的推動作用；如梵古吸收了東方繪畫中黑色點和線的技法，強調筆觸的價值；塞尚吸收了東方繪畫二度空間的表現方式；馬蒂斯通過對日本版畫及中國剪紙的觀摩領悟到了單純化的藝術效果……徐復觀在「東亞視域」下，建構既是現代的、又是世界的東方美典的路向契合了藝術發展的規律，民族藝術精神必須兼取東西文化之長，發出民族藝術精神的世界性並不是要去民族主體性，要以開放的認

---

[31] J. Baudrillard. *Forget Foucault*. New York: Semiotext(e). 1987. p.64.

[32] Eugen Weber. *The Western Tradition: From the Ancient World to Louis XIV*, D.C. Health and Company, 1965, xxiii.

[33] Tu Weiming.*Cultural Identity and the Politics of Recognition in Contemporary Taiwan*, The China Quarterly, 1996, p.1115-1140.

同心和平等心，去感應中西文化乃至不同藝術流派的義諦和價值，「打開眼界，多看看，對各種流派不要輕易地下結論」，[34]只有以開放的、動態的、無偏執的心態觀照東西方藝術精神，發掘出民族藝術的普適價值，並結合人類真、善、美的終極追求，打通民族和世界之間的隔膜，才能創造出新的、既富有民族特色又有現代意識的藝術作品。

（二）鄉土的才是人類的

　　鄉土是東方藝術精神的重要載體，也是東方藝術精神的生命之根。鄉土是什麼？鄉土是一個民族的童年理想和歷史記憶，也是一個人的文化和精神本根。鄉土一端連接現實的生存，另一端也維繫著詩意的夢想，池塘古井、灰牆石磨、綠樹蠶桑、四合院老宅，都曾經承載者無數人兒時記憶，它是很多人魂牽夢縈的成長符號。故鄉在哪里，中國人的根就在哪里，精神就在哪里。徐復觀通過對日本的文化考察，認為京都從容、閑淡與守舊，與東京的緊張、擁擠和逼迫形成鮮明對比，他贊許日本一方面保存了傳統的寧靜和詩意，另一方面在法治觀念、細心對農民的培育保護和知識份子勤懇辛勞的研究態度上又較好的體現了傳統倫理道德和現代商業精神的統一、利人和利己的統一，因而成為日本的「鎮魂劑」，[35]鄉土有其存在的現代價值，它是人類文明多樣化的重要組成部分，以日本為代表的「鄉土東方」可以開創出不同於「工業西方」的新的文明型態。

　　東方民族大多是以農耕文明為主，立足鄉土的「泥土氣息」是東方知識份子思想的一個鮮明特徵。徐復觀在《舊夢・明天》中寫道：「我的生命，不知怎樣的，永遠是和我那破落的灣子連在一起；返回到自己破落的灣子，才算稍稍彌補了自己生命的創痕，這才是舊夢的重溫、實現。」[36]在徐復觀看來，鄉土之美不僅是自然美，還有人文美、風俗

---

34 宗白華：〈關於美學研究的幾點意見〉，《美學散步》，上海：上海人民出版社，1981年，第596頁。

35 徐復觀：〈日本的鎮魂劑——京都〉，《徐復觀文集》，第一卷，第259-263頁。

36 徐復觀：〈舊夢・明天〉，《徐復觀文集》，第一卷，第333頁。

美、人情（倫理）美，「農村富有人情味，一直到燈節，人人堆上笑臉，滿口都說吉利話，一團喜悅，一片溫情……農村的新年，才真是人情味的世界，才真可以看出是人的世界。」[37]徐復觀對故鄉的讚美並不僅僅是簡單的抒發思鄉之幽情，鄉土中蘊含有仁厚惻坦之人性，蘊含有人類追求的真善美的精神理想。唐君毅也滿懷深情的說到：「其實一切著作與事業算什麼，這都是為人而非為己，亦都是人心之表皮的工作。我想人所真要求的，還是從哪里來，再回到哪里去。為了我自己，我常想只要現在我真能到死友的墳上、先父的墳上、祖宗的墳上，與神位前，進進香，重得見我家門前南來春色，重聞我家門前東去江聲，亦就可以滿足了。」[38]對鄉土價值的認同體現了徐復觀的文化情懷和審美趣味，也決定了其在美學風格上的偏向，鄉土所包含的人和自然融合一體的詩意情調、富有人情味的倫理色彩是東方藝術精神的重要特徵。

在現代社會中，都市毫無疑問是現代文明的中心，人口、資源、財富、文化都向都市集中，今天中國大陸的經濟騰飛了，無論是北京、上海，還是重慶、武漢，我們都可以看到可以和紐約、倫敦相比而毫不遜色的摩天大樓，然而鄉村呢？鄉村成為被人遺忘的角落，所謂「住不起的北上廣，回不去的故鄉」說的就是當代中國人無家可歸的困境。就中國大陸而言，都市是光鮮的，農村是破敗的；都市是文明的、教育發達的，農村是野蠻的、愚昧的；都市擁有各種院士、專家、博士和人才，農村卻只有「38」、「61」、「99」部隊；都市富有多元化、創造性的新精神，農村依然只有世俗的金錢萬能的單一信仰……整個社會的財富幾何級的增長，但幸福感卻越來越少。現代化不能只是都市的現代化，而讓農村停留在中世紀的貧困和愚昧中；現代化也絕不只是一部分有錢的、有權利、受過良好教育者的現代化，而是一切人的文明化，因為「現代」這個詞包含最重要的內涵即是「平等」。徐復觀的「東亞視域」包含著一種廣泛層面上東方文明生態觀，那就是和而不同，多元共

---

[37] 徐復觀：《徐復觀文集》，第一卷，第343頁。

[38] 唐君毅：〈懷鄉記〉，吳甿、劉美美編《生命的奮進——唐君毅、徐復觀、牟宗三、梁漱溟四大學問家的青少年時代》，臺北：時報出版公司，1984年，第26頁。

生。中國的現代化最後一定是農村的現代化，但農村現代化的出路並不是城鎮化，不是都市化，更不是田園牧歌式的蠻荒化，而是立足鄉土主體性的生態鄉土的建構。科技和工業的高度發展，不一定要犧牲鄉土的詩意為代價；人類文明的進步，也不一定必須以消滅文化的多樣性為代價。我們要發展農村，加大對傳統村落的保護並對其加以現代改造，更要超越特定地域文化的狹隘性而揭示出人類文明的一般本質，建立真正立足於人類的現代鄉土觀。

（三）有情的世界才是真實的世界

東亞文化和西方文化最大的差異就是，東方文化是一種富有情感意味的文化，而西方文化則立基於科技、宗教之上。東方文化崇奉「萬物有情」說，林屋辰二指出，「古代人的思想特徵，基本是來自自然觀方面。正如人們所說的草木會說話一樣，過去可以在遍佈於人們周圍的樹木中發現精靈，把它當作神靈的降臨。」[39]把情感作為人生和藝術的價值根源也是中日韓等東亞農耕文明的核心精神，並落實在人與人之間待人接物、日常交往等生活層面，講究一往情深、情理交融。[40]而近代以來，受到現代文化影響的日本，日益傾向於「狂放而容易自趨毀滅」，[41]這樣的文化易在狂暴中走向衰亡。徐復觀通過對在日本的文化考察和對臺灣的經濟發展的思考敏銳的意識到，「人類的命運，並非完全決定於技術。」[42]對日本文化的憂慮也是對整個東方文明的憂慮。西方美學往往將美落實在客觀事物的形式上，徐復觀根據東方美學的傳統，將美落實在人身上——人的世界是一個有情感的世界，他從東方人

---

[39] 葉渭渠、唐月梅：《物哀與幽玄——日本人的美意識》，桂林：廣西師範大學出版社，2002年，第4-5頁。

[40] 何應欽在1951年訪問日本也談到其「人情味」特徵，「首先使我印象最為深刻的，便是日本民族，到今仍富於東方文化的人情味。這種人情味，和完全以功利主義為基底的西方社會比較，總覺得人與人之間，容易有更好的接觸。」參見何應欽：〈旅日觀感〉，《新聞天地》，1951.6.19。

[41] 徐復觀：〈日本民族性格雜談〉，《徐復觀文錄・雜文》，臺北：環宇書局，1971年，第85頁。

[42] 參見徐復觀：〈瞎遊雜記之八〉，《徐復觀雜文——憶往事》，第106頁。

的思維特點、價值觀念和審美習慣出發，揭示了東方藝術精神的特點和未來發展方向，並運用現代的觀念照亮精神的幽暗，使之在新的時代重放異彩。

在徐復觀看來，莊子奇瑰想像的生命力源自「萬物有情」的思想，是「感情與想像力融合在一起的活動」。[43]陳鼓應曰：「莊子高情遠趣，創造了一個遼闊的心靈境界，然而他的高超透脫，內心卻有其沉痛處。」[44]這可謂深得莊子之精神。《莊子》中的天地萬物，皆是有情感、有生命的天地萬物，徐復觀認為，「藝術可以說是以情感為主，但感情之與理性，為什麼在一個人的生命中是冰炭不容，一定要很用力地把它們自然而不可少的交流、換位的作用加以隔斷？」[45]情感不僅是藝術的生命，也是人性之本根，否定了情感，也就走向了藝術和人性的對立面。唐君毅曾反省道，「何謂吾人之生命之真實存在？答曰：存在之無不存在之可能者，方得為真實之存在；而無不存在之可能之生命，即所謂永恆悠久而普遍無所不在之無限生命……吾人之生命，原為一無限之生命；亦不能以吾人觀有之一生，為吾人之生命之限極。」[46]西方文明的偉大在於人對物的規律的發現，而有科學的興盛；東方文明的偉大則在於人對自身存在價值的洞察，那就是人生存的世界，不是乾枯的、死寂的、乏味的，而是一個有情的人文世界。情感是生命的真實，也是東方藝術精神的本質。

結語

百年來，中華美學或者東方美學在世界美學圖景中只是一種資源型、背景性的存在，它成為以德國、美國、英國等掌握世界學術話語的強勢文化的「應聲蟲」和文化殖民地。然而這一切在二十世紀發生了翻

---

[43] 徐復觀：《中國藝術精神》，第81頁。

[44] 陳鼓應：《老莊新論》，上海：上海古籍出版社，1992年，第130頁。

[45] 徐復觀：〈環繞李義山（商隱）《錦瑟》詩的諸問題〉，《中國文學精神》，上海：上海書店出版社，2006年，第341頁。

[46] 唐君毅：《生命存在與心靈境界・上》，臺北：學生書局，1986年，第26-27頁。

天覆地的變化，美學在二十世紀的中國社會，隨著幾次社會思潮和政治運動發揮著思想啟蒙、精神解放的重要作用，「中國藝術精神」問題成為二十世紀中國哲學、美學的核心問題，對「中華美學精神」、「中華藝術精神」的探討至今仍是中國學界的熱點；日本也早在上世紀七、八〇年代提出了「感性工學」的概念，對美學在現代社會的價值加以闡發。2001年，日本學者佐佐木健一（Sasaki Ken-ichi）任國際美學協會[47]的主席；2015年，中國社會科學院的高建平研究員擔任新一屆國際美學協會主席，東方人開始進入國際美學的中心舞臺，這與美學在西方與現代藝術的疏離日益出現的空洞化、邊緣化形成鮮明對比。美學在東亞文明中的這種中心話語式的存在和旺盛的發展態勢，是否意味著世界美學研究中心東移的趨勢正在形成呢？徐復觀在全球化的時代，積極的肯認東方藝術精神的現代價值，並希望以中國藝術精神為代表的東亞文明能為人類的未來做出更重要的貢獻，這無疑對於目前東亞因為意識形態差異、政治軍事對立而造成的國家分裂、政治對峙、社群對立具有重要的啟示意義。我們和徐復觀一樣，也是生活在中西文化交鋒、物質繁榮而精神匱乏的時代，在瘋狂而盲動的「科學萬能」思潮造成的工業污染、生態惡化、能源危機、文化衝突的背景下，我們靠什麼來調節這個價值失衡、方向迷失的世界呢？徐復觀於此背景下重構中國藝術精神可以看作是建立一個回應西方、重振民族美學和創造東方美學理論範型的一個嘗試，同時也為世界美學中心的東移提供了一個典型的例證。它啟示我們：各個國家和民族都有自己的美學，都有自己的藝術理想和審美趣味，世界美學的多元化發展不應該建立在對地域文化、民族美學的否定、壓制的基礎上，而應該是求同存異，相反相濟；人類新的藝術精神，也必將創生於這種對話、交流、融合的過程中。

---

[47] 國際美學協會成立於二十世紀初，其前身為「國際美學委員會」，當時由英、法、德、意幾個「美學大國」派代表組成，現已發展成為有五十多個國家的美學組織和一千多名美學家組成最重要的國際美學組織。國際美學協會的主要任務，是促進各國美學家的交流，幫助和推動未成立美學組織的國家成立相應的組織，並向美學研究薄弱和落後的國家傳播美學工作。國際美學協會的日常工作包括組織世界美學大會、區域合作會議、編輯協會的年刊和通訊、指導學會的網路等等。

西方影響與戲曲改革

孫玫

台灣中央大學中文系專任教授

　　中國戲曲自十二世紀成型，從宋元南戲和金元北方雜劇，到明代昆山腔，再到清代各種地方戲，歷經種種興衰，不過，戲曲的這些嬗變都是在中華文化的內部進行的。清末，西方列強用大炮轟開了「天朝上國」的大門，中國面臨千年未有之大變局。其後，戲曲發展的歷史路徑便開始與以前有了根本的不同。二十世紀關於改革戲曲的呼聲持續不斷，而這些要求改革戲曲的訴求及實踐，都是和西方文化的影響有著密切的關係。本文將擇要討論上個世紀關於戲曲改革的一些有代表性的訴求及實踐。

一

　　二十世紀之初，在通過東洋師法西洋的歷史大背景下，首先是一批旅日的、戲曲界之外的知識份子提出了「戲曲改良」的訴求。

　　1898年戊戌維新失敗，康有為、梁啟超等人流亡日本，中國的維新派、革命派大量聚集日本。1905年，日本在日俄戰爭中戰勝俄國。同年，清政府宣佈廢棄科舉，出洋留學成為讀書人新的出路。中國留日的學生遂達到新的高潮[1]。與留學歐美者不同，當時留日生年紀較長者多，他們對自己的國家社會的現狀有著相當的閱歷，時常感慨國勢衰頹社會腐敗，迫切希望振興國家和民族，因此在留日學生中，學以致用的傾向較為明顯[2]。後來，梁啟超在回顧上述留日生們大力引進西潮的那

---

[1]　實藤惠秀著，譚汝謙、林啟彥譯：《中國人留學日本史》，香港：中文大學出版社，1982年，第22-23頁。

[2]　黃福慶：《清末留日學生》，臺北：中央研究院近代史研究所，1975年，第182頁。

一段歷史時，曾經不無遺憾地說道：「蓋西洋留學生殆全體未嘗參加於此運動；運動之原動力及其中堅，乃在於不通西洋語言文字之人。」[3] 就總體傾向而言，留日生們對於中國現代社會的影響大於留學歐美者。同樣，就總體傾向而言，留學歐美者對於中國現代科學技術發展的貢獻則要大於留日生[4]。

明治維新時，日本認識到戲劇在西方社會中高尚的地位。維新之初，新設立不久的教部省就把歌舞伎藝人置於其管轄之下，視其為教育工作者，並通過他們去教化民眾[5]。而在此之前，日本演劇藝人的地位則比較低下。

1872年東京府廳下達通知，以避淫猥為由，提出了改良歌舞伎的方策[6]。政府相繼頒發通告，其主要內容為：（一）戲劇不准有傷風化，禁演猥褻兇殘的劇碼；（二）演員、藝人在教部省監督之下擔當教化職責；（三）不准歪曲史實[7]。1874年，神田孝平在《明六雜誌》上發表了〈國樂振興說〉，指出戲劇必須改進，要向外國學習。次年，福地櫻癡（源一郎）針對當時所謂「演劇無用論」，明確提出「演劇有用論」，論述了演劇的社會作用[8]。1886年，在首相伊藤博文和公爵西園寺公望等的贊助下，以末松謙澄（伊藤博文的女婿）為主成立了「戲劇改良會」，推行以歐化主義為基礎的戲劇改良[9]。

受到明治維新的影響，康有為曾經說：「日人之強，固在文學哉！」[10]「戲曲，實為六教之大本」[11]「以經教愚民，不如小說之易入

3 梁啟超：《清代學術概論》，北京：中國人民大學出版社，2004年，第218頁。
4 這是一個非常有意思的話題，但已超出了本文的討論範圍。
5 Jean-Jacques Tschudin, "Danjuro's *katsreki-geki* (realistic theatre) and the Meiji 'Theatre Reform' movement," *Japan Forum* 11.1 (1999): 83.
6 唐月梅：《日本戲劇史》，北京：昆侖出版社，2007年，第415頁。
7 河竹登志夫：《演劇概論》，東京：東京大學出版社，1999年，第217頁。
8 王愛民、崔亞南：《日本戲劇概要》，北京：中國戲劇出版社，1982年，第85-86頁。
9 唐月梅：《日本戲劇史》，北京：昆侖出版社，2007年，第428頁。
10 康有為：《康有為全集》第三集（北京：中國人民大學出版社，2007年，第420頁。
11 同前注，第440頁。

也。以小說入人心，不如演劇之易動也。」[12]梁啟超在論述文藝的教化作用時則特地列舉了《西廂記》和《桃花扇》：「讀實甫之琴心、酬簡，東塘之眠香、訪翠，何以忽然情動？若是者，皆所謂刺激也。」[13]他還身體力行創作了《新羅馬》等戲曲作品，以具體實踐自己戲曲改良的主張。而他主編的《新小說》月刊也登載戲曲作品。

當時留日的陳獨秀、陳佩忍、蔣觀雲等人更是直接就戲曲發表看法。他們基本上觀點一致，都認為戲曲可用以開啟民智、救國救民。在諸君的文章中尤以陳獨秀的論述較為全面、較具代表性。陳獨秀1903年第二次從日本回國後，次年在家鄉創辦《安徽俗話報》，以改革國民性。陳獨秀採用與梁啟超類似的策略，借助當時西方在國人心目中的權威性，顛覆中國的傳統觀念。在以「三愛」為筆名寫的那篇〈論戲曲〉中，陳獨秀大力反對中國傳統社會鄙視戲曲藝人的看法，並強調演劇對於開啟民智的重要作用：「蓋以為演戲事，與一國之風俗教化極有關係，決非可以等閒而輕視優伶也。」[14]顯然，陳獨秀論戲曲絕非是為了藝術而藝術，而是要通過改良戲曲而達到變革社會的政治目的：

> 現今國勢危急，內地風氣不開，慨時之士，遂創學校。然教人少而功緩。編小說，開報館，然不能開通不識字人，益亦罕矣。惟戲曲改良，則可感動全社會，雖聾得見，雖盲可聞，誠改良社會之不二法門也。[15]

陳獨秀從1901年起，曾多次東渡日本。留日期間，他大量閱讀關於西方政治經濟文化方面的書籍，接受新思想[16]。「陳獨秀以建構民族國家和

---

[12] 同前注，第484頁。

[13] 梁啟超：〈論小說與群治之關係〉，《晚清文學叢鈔‧小說戲曲研究卷》，臺北：新文豐出版公司，1989年，第16頁。

[14] 三愛：〈論戲曲〉，《晚清文學叢鈔‧小說戲曲研究卷》，臺北：新文豐出版公司，1989年，第53頁。

[15] 同前注，第55頁。

[16] 王觀泉：《被綁的普羅米修士陳獨秀傳》，臺北：業強出版社，1996年，第58、75頁。

救亡圖存為訴求的民族主義，與梁啟超新民說的從天下到國家的民族主義一脈相承，其基本理念來自由日本輸入的歐洲民族主義思潮。」[17]而他後來接受共產主義思想，也是經由日本而不是從德國或俄國直接獲得的[18]。

細讀先賢們當年的文字，字裡行間日本影響清晰可見。例如，蔣觀雲在《中國之演劇界》中提到他受日本人貶斥中國戲曲的刺激：

> 吾見日本報中屢詆誚中國之演劇界，以為極幼稚蠢俗，不足齒於大雅之數。……如雲：「中國戲劇界演戰爭也，尚用舊日古法，以一人與一人，刀槍對戰，其戰爭猶若兒戲，不能養成人民近世戰爭之觀念。」[19]

不難看出，蔣文中所說的日本人是以寫實戲劇的觀念衡量並貶斥中國戲曲的。而蔣觀雲寫作〈中國之演劇界〉這篇文章的起因之一，或許正是由於受到了日本人譏笑中國戲曲言辭的刺激。事實上，當時在日本，寫實戲劇已經大行其道。如前所述，早在明治維新之初，日本就開始了戲劇改良運動。

又如，歐榘甲也曾在文中提到戲劇和明治維新的關係：

> 嘗遊日本矣，觀其所演之劇，無非追繪維新初年情事。是時國中壯士，憤將軍之專橫，悲國家之微弱，鎖國守陋，外人交侵，士氣不振，軟弱如婦人女子，乃悲歌慷慨，欲捐軀流血以挽之……前者死，後者繼……久之，政府知民氣之不可遏，乃急急改革。政治年年改良進步，日本人乃有今日自由之樂，與地球六大強國並立。[20]

17 高力克：〈陳獨秀的國家觀〉，《二十一世紀》，2006年4月號，第65頁。
18 汪向榮：《中國的近代化與日本》，長沙：湖南人民出版社，1987年，第51頁。
19 蔣觀雲：〈中國之演劇界〉，《晚清文學叢鈔・小說戲曲研究卷》，臺北：新文豐出版公司，1989年，第50頁。
20 失名（歐榘甲）：〈觀戲記〉，《晚清文學叢鈔・小說戲曲研究卷》，臺北：新

當然，歐榘甲文中對於戲劇的社會功能顯然有所誇大。

概言之，「戲曲改良」是在西方強勢文化衝擊下，中國的知識精英群體面對千年未有之大變局，對於傳統戲曲所作出的第一次認真的關注和重要的反應，但是其直接的借鑒卻是來自（學習西方並獲得成功）的日本。

二

十多年以後，新文化運動興起。思想界的精英們宣導新思想，批判舊傳統，在思考「經國大業」的同時，也關注到了戲曲。1918年10月，《新青年》（第5卷第4號）集中發表文章，言辭激烈地批判戲曲。新文化運動的闖將們一方面宣稱中國戲曲「是非人類精神的表現」[21]，「實在毫無美學的價值」[22]；一方面主張學習西方的戲劇，廢除戲曲的歌舞表演，建立一種只說不唱、關心社會問題的新戲，用以批判社會，喚起民眾。胡適說：

> 在中國戲劇進化史上，樂曲一部分本可以漸漸廢去，但他依舊存留，遂成一種「遺形物」。此外如臉譜，嗓子，臺步，武把子，……等等，都是這一類的「遺形物」，早就可以不用了，但都沿下來至今不改。……這種「遺形物」不掃除乾淨，中國戲劇永遠沒有完全革新的希望。[23]

而後，他又說道：

文豐出版公司，1989年，第68頁。
[21] 傅斯年：〈戲劇改良各面觀〉，《新青年》第5卷第4號（1918年10月，第324頁。
[22] 同前注，第326頁。
[23] 胡適：〈文學進化觀念與戲劇改良〉，《新青年》第5卷第4號（1918年10月，第313-314頁。

現在中國戲劇有西洋的戲劇可作直接比較參考的材料，若能有人
虛心研究，取人之長，補我之短；掃除舊日的種種「遺形物」。
採用西洋最近百年來繼續發達的新觀念，新方法，新形式，如此
方才可使中國戲劇有改良進步的希望。[24]

傅斯年說：

把改良戲劇當作社會問題，討論一番。舊社會的窮凶極惡，更是
無可諱言，舊戲是舊社會的照相，也不消說，當今之時，總要有
創造新社會的戲劇，不當保持舊社會創造的戲劇。……使得中國
人有貫徹的覺悟，總要借重戲劇的力量；所以舊戲不能不推翻，
新戲不能不創造。[25]

　　傅斯年也知道要創造出一種全新的戲劇，並非是一蹴而就的事情。
他認為在新戲問世之前，要改演「過渡戲」，從而引導社會由極端的舊
戲觀念過渡到純粹的新戲觀念。傅斯年說的所謂「過渡戲」，是指當時
梅蘭芳等人編演的時裝戲[26]。
　　京劇的時裝戲原本產生於清末[27]。當時具體實踐「戲曲改良」主張的
汪笑儂，曾編演講述波蘭被瓜分的「洋裝新戲」《瓜種蘭因》[28]。潘月樵
和夏月珊、夏月潤兄弟在上海南市十六鋪創建了「新舞臺」，也編演了
不少時裝戲，如《潘烈士投海》、《槍斃閻瑞生》，等等[29]。1913年，梅

---

[24] 同前注，第315頁。
[25] 傅斯年：〈戲劇改良各面觀〉，《新青年》第5卷第4號（1918年10月，第330頁。
[26] 同前注，第331-336頁。
[27] 就廣義而論，凡清朝人演的、穿清朝服裝的京劇戲碼都可以稱之為時裝戲。不過，這裡所說的時裝戲，是依照戲曲研究中的慣例，專指清末民初那些關注社會現實問題、表現同時代生活內容的劇碼。
[28] 汪笑儂：《瓜種蘭因》，收入張庚、黃菊盛主編《中國近代文學大系1840-1919・戲劇集一》，上海：上海書局，1991年，第630頁。
[29] 北京藝術研究所、上海藝術研究所編著《中國京劇史》上卷（北京：中國戲劇出版社，1999年）第339-345頁。

蘭芳到上海演出，親眼見到了西式舞臺裝置，觀摩了夏氏兄弟等人編演的《黑籍冤魂》、《新茶花》、《黑奴籲天錄》等戲[30]。回到北京以後，他便陸續排演了《孽海波瀾》、《宦海潮》、《鄧霞姑》、《一縷麻》等時裝戲，提倡婦女解放，反對包辦婚姻，暴露社會黑暗[31]。

對於梅蘭芳的《一縷麻》，傅斯年大加讚賞，稱其「竟有『問題劇』的意味」[32]，「對於現在的婚姻制度極抱不平」[33]。傅斯年筆下的「問題劇」，是指易卜生的批判現實主義的社會問題劇，如《社會支柱》、《玩偶之家》，等等。如前所述，當時新文化運動的闖將們批判傳統戲曲，主張學習西方的戲劇，廢除戲曲的歌舞表演，是要建立起一種只說不唱、關心社會問題的新劇，用這種新劇批判社會，喚起民眾。當然，傅斯年也知道要創造出這樣一種全新的戲劇，並非易事；所以，在新劇問世之前，要改演「過渡戲」，等到新劇建立以後再廢止這「過渡戲」[34]。

然而，與傅斯年的期待相反，在《一縷麻》之後，梅蘭芳的創作熱情卻從時裝戲轉向了新編古裝戲。梅蘭芳的轉變是有其藝術上的道理的。正如他後來總結的那樣：

> 時裝戲表演的是現代故事。演員在臺上的動作，應該儘量接近我們日常生活裡的形態，這就不可能像歌舞劇那樣處處把它舞蹈化了。在這個條件之下，京戲演員從小練成的和經常在臺上用的那些舞蹈動作，全都學非所用，大有「英雄無用武之地」之勢。[35]

梅蘭芳從自己創作時裝劇的藝術實踐中深切地感受到：京劇表現現代生活，內容與形式存在著矛盾，尤其是音樂與動作之間不易協調。傳統京

---

[30] 梅蘭芳：《舞臺生活四十年》，北京：中國戲劇出版社，1987年，第186-187頁。

[31] 同前注，第211-216和268-279頁。

[32] 傅斯年：〈戲劇改良各面觀〉，《新青年》第5卷第4號（1918年10月，第332頁。

[33] 同前注，第333頁。

[34] 同前注，第334-337頁。

[35] 同注30，第280頁。

劇的化妝和服裝誇張、變形，在音樂的伴奏之下有利於歌舞表演。但時裝戲的化妝和服裝是不可以誇張、變形的，如此一來，表演時動作的幅度就不能過大，緩慢的唱腔就不好安排，一些成套的鑼鼓點、曲牌，使用起來，也顯得生硬，於是時裝戲自然就變得話多唱少[36]。中國戲曲歷史悠久，表演藝術是其精華之所在。像昆曲、京劇這類代表戲曲表演藝術精華的大劇種，擁有豐富的歌舞技術和獨特的結構方式。這些在傳統社會長期發展、積累起來的技術和方式，的確是善於表現舊日的故事，難以應對現代的生活。

新文化運動的闖將們囿於其「新」和「舊」、現代和傳統絕對排斥的思維模式，人為地把西方傳入的戲劇（即話劇）[37]和中國戲曲對立起來，主張以前者取代後者。然而，在現實中，戲曲不但沒有因為思想界精英們的批判而被從西方輸入的話劇所替代，反而是得到了進一步的發展。例如，在以梅蘭芳為首的一大批藝術家們的努力之下，京劇達到了它的第二個黃金時期。

三

如果說新文化運動對於傳統戲曲還只是一種語言的批判，那麼，中華人民共和國成立以後全面展開的戲曲改革運動則更多地體現為行動的批判。這場戲改運動堪稱是一次規模浩大的社會工程，它改變了中國戲曲原有的自然狀態和發展方向。

1940年代末，中國共產黨在奪取全國政權的前夕，就開始籌畫如何在即將獲得的大片新管轄區推動戲曲改革。1948年9月，中共在石家莊成立了華北人民政府，而後來的中華人民共和國中央人民政府正是在這個華北人民政府的基礎之上組建起來的[38]。華北人民政府成立不久，便

---

[36] 同前注，第568-569頁。

[37] 當時尚未有「話劇」這一稱謂。

[38] 1949年10月31日，華北人民政府奉命結束工作，11月1日中央人民政府各機構正式開始辦公。參見張晉藩、海威、初尊賢主編：《中華人民共和國國史大辭典》，哈爾濱：黑龍江人民出版社，1992年，第4-5頁。

於11月在石家莊成立了華北戲劇音樂工作委員會，由馬彥祥擔任主任委員[39]。13日，華北的《人民日報》發表了根據毛澤東的意見所寫的專論《有計劃有步驟地進行舊劇改革工作》[40]。

中國共產黨一貫高度重視政治宣傳工作，曾明確宣稱要把文藝當作對敵鬥爭的武器。1948年的中國尚未工業化，廣大的農村、鄉鎮、小城市還沒有電力供應，當時的戲曲是中國人最主要的娛樂形式之一。更由於當時文盲占中國人口的大多數，對這一大批不識字的觀眾來說，戲曲還具有一種「大眾傳媒」的功用。然而，傳統老戲中有違中共意識形態的內容卻又比比皆是，例如，忠、孝、節、義之類。中共信奉馬克思列寧主義——在中國最貧弱的歷史時刻由西方傳入中國的強而有力的意識形態，其諸多組成部分，如無神論、階級鬥爭學說，等等，都和中國原有的傳統觀念抵牾，因而不可避免地會同承載著中國傳統觀念的戲曲發生衝突。

所以，上述《人民日報》專論便認為，「改革舊劇的第一步工作，應該是審定舊劇碼」[41]。「要以對人民的有利或有害決定取捨。」[42]華北的《人民日報》是中共中央華北局的機關報。1948年6月，它由《晉察冀日報》和晉冀魯豫《人民日報》合併而成，並於一年之後（1949年8月），在華北人民政府由地方性政權轉為中央政權時，順理成章地成為中共中央的機關報。由此也可見，華北《人民日報》的這篇專論《有計劃有步驟地進行舊劇改革工作》不是一篇普普通通的報刊文章，它幾近於中共政府的紅頭文件，對於推動和指導即將開展的「戲曲改革運動」具有很強的政策和規範的作用。

1949年10月1日，中華人民共和國中央人民政府在北京成立。一個月後，中華人民共和國文化部於11月3日成立了管理全國戲曲改革的領導機構——戲曲改進局，全面推動「戲曲改革運動」。運動的第一步便

[39] 劉英華：〈華北戲劇音樂工作委員會〉，《中國大百科全書·戲曲曲藝》，北京：中國大百科全書出版社，1983年，第129頁。

[40] 周揚：〈進一步革新和發展戲曲藝術〉，《文藝研究》，1981年第3期，第5頁。

[41] 《人民日報》，1948年11月13日，第1版。

[42] 同前注。

是審定劇碼——正如《人民日報》專論〈有計劃有步驟地進行舊劇改革工作〉中所指明的那樣。1949年12月首屆東北區文學藝術界聯合代表大會，號召兩三年內消滅舊劇毒素；結果，全東北一度禁演京劇和評劇一百四十出。東北以外的地區也出現了類似的傾向，例如，徐州曾禁戲二百多出，山西上黨戲原有三百多出，禁到只剩二三十出，而在天津專區所屬的漢沽縣，准許上演的京劇和評劇僅有十出[43]。結果，廣大民眾無戲可看，戲曲藝人的生活也發生了困難，以致產生民怨[44]。現實教育了新政權的領導者們，於是，開始糾正偏差，1950年3月，中共中央為禁戲的問題專門給東北局發出指示，希望東北糾正「左」傾幼稚病[45]；1951年5月5日，政務院以總理周恩來的名義發佈了〈關於戲曲改革工作的指示〉，該指示明文規定禁戲「應由中央文化部統一處理，各地不得擅自禁演。」[46]

在新解放區這樣龐大、複雜的系統內，禁演大批的老戲，造成了社會問題，自然不能不糾偏。可是，新政府又不能容忍這些老戲中的「封建糟粕」繼續「毒害」廣大民眾。於是，便組織人力去修改傳統劇碼，進行所謂的「消毒」工作[47]。至此，戲曲改革的重點便從「禁戲」轉為「改戲」。當時所改之戲，通常是一些經常演出、流傳廣、影響大，同時也易於「消毒」的戲碼。所謂「消毒」，不外乎是革除傳統老戲中的「封建糟粕」，即有違馬克思列寧主義意識形態的思想內容。

「戲曲改革運動」不僅在思想內容上「清洗」傳統老戲，還在「舞臺表現」上「淨化」傳統戲曲，如取消檢場、踩蹺、飲場，等等[48]。此處僅以取消檢場為例。用二道幕遮擋更換佈景道具的過程，不讓台下的

---

[43] 張庚主編：《當代中國戲曲》，北京：當代中國出版社，1994年，第36頁。
[44] 詳見中共中央文獻研究室編：《中共中央關於禁演舊劇問題給東北局的指示》，《建國以來重要文獻選編》第一冊（北京：中央文獻出版社，1992年，第139-140頁。
[45] 同前注。
[46] 周恩來（文化部文學藝術研究院編）：〈關於戲曲改革工作的指示〉，《周恩來論文藝》，北京：人民文學出版社，1979年，第28頁。
[47] 張庚主編：《當代中國戲曲》，北京：當代中國出版社，1994年，第30頁。
[48] 同前注，第31頁。

觀眾看到檢場人，這無非是認為：「檢場」不屬於劇中的人物，他登臺當著觀眾的面更換佈景、道具，會破壞劇中的真實氣氛。顯然，這是根據寫實主義的觀念來判別和改造戲曲。當年就曾有戲曲藝人諷刺道：「我們現在成了變戲法的了。幕一閉桌椅不見了。再一拉桌椅又出來了。」[49] 其實，像檢場這類事物，在傳統戲曲整個的非寫實主義的體系中，是十分自然和妥帖的，反倒是那個取代檢場功能的二道幕，不倫不類，經常要在原本流暢的演出中出來「攪局」。當年劇場的條件不夠好，大多數的舞臺都很淺，二道幕拉來拉去不免會妨礙演員的表演和位置。簡而言之，經過戲曲改革運動，日常上演的傳統戲，比1949年以前的數目明顯減少，並且已經過「過濾」、「淨化」、「去蕪存菁」，改變了原來的面貌，乃至內在的肌理。

1954年10月，戲曲改進局局長田漢在中國文聯全國委員會和劇協常務理事會上作報告。他說道：

> 我們的戲曲有長期的現實主義傳統，有很多優秀的東西。但是，由於歷史條件所造成的落後性，也是無庸諱言的。例如劇本的文學水準較低，音樂和唱腔比較單調，舞臺美術不夠統一諧和，表演中夾雜著非現實主義的東西，導演制度很不健全……[50]

為了把中國戲曲「提高到新時代的藝術水準」，「運用現代人的藝術經驗──包括新的文學、戲劇、音樂、美術等各方面的進步經驗」改革和發展它[51]，一批具不同專業特長的新文藝工作者先後被調入戲曲界，他們陸續創作出一些有影響的作品。這些新文藝工作者有一個共同的特點，他們原本都非梨園中人物，原來和戲曲也都沒有什麼關係，大多是因為「戲曲改革運動」的緣故，在五〇年代的初期或中期先後加入戲曲

---

[49] 參見吳祖光：〈談談戲曲改革的幾個實際問題〉，《戲劇報》1954年第12期，第15頁。

[50] 田漢：〈一年來的戲劇工作和劇協工作──一九五四年十月五日在中國文聯全國委員會、十月八日在劇協常務理事會上的報告〉，《戲劇報》1954年第10期，第5頁。

[51] 同前注。

界。新文藝工作者進入戲曲界，將話劇或歌劇的一些藝術手法，將形成於近代歐洲的「專業分工創作方式」引進了戲曲[52]，並逐步取代了傳統戲曲中由主演者所主導的那種綜合不分家的創作方式。

在編劇方面，此處以影響極大的昆劇《十五貫》整理改編本為例。該劇不是像傳統戲曲那樣，直接以劇中人的唱腔或念白自我陳述心境，而是以一系列的情節展現人物的性格[53]。不難看出，這是（來自西方）的話劇的常用手法，西方傳統的戲劇常常是通過一系列的情節，及劇中人對於這些事件的反應，塑造人物性格。傳統戲曲則不同，它保留了來自講唱藝術的敘事手法，常常以劇中人唱念自陳心境的方式，直接表現其性格。此外，當年已有論者指出，《十五貫》的整理本「沒有掌握昆曲特點」，「使人有通俗話劇的感覺」，因為該劇的音樂比較單調，前半部使用過多的「數板」，念得太多。同時，劇中的舞蹈等也顯得欠缺[54]。

至於導演方面，因新文藝工作者的介入而帶來的西方影響，更為明顯。傳統戲曲是重抒情、以歌舞表演見長的歌舞劇，其表演藝術光彩奪目，其導演藝術相對蒼白。有例為證，上個世紀八十年代之初，具權威意義的《中國大百科全書・戲曲曲藝》依照西方理論的分類，分別以文學、音樂、導演、表演、舞美等門類建構戲曲詞條。結果，「戲曲表演」門類共有二百多條目，而「戲曲導演」門類卻只有孤零零的一條（而且其中大量篇幅還是在討論戲曲的表演問題）。總之，「戲曲表演」和「戲曲導演」兩個門類完全不成比例。由此可以看出，傳統戲曲的精髓是其表演藝術而非其導演藝術。與傳統戲曲不同，在由西方引進

---

[52] 關於「專業分工創作方式」，詳見孫玫〈試論新戲曲的「專業分工創作方式」〉，《蘇州大學學報》（哲社版），2013年第2期，第138-142頁。

[53] 詳見王安祈：〈「演員劇場」向「編劇中心」的過渡——大陸「戲曲改革」效應與當代戲曲質性轉變之觀察〉，《中國文哲研究集刊》第十九期（2001年9月），第296-297頁。

[54] 劉齡：〈對昆曲《十五貫》整理本的一些意見〉，《杭州日報》1956年1月4日第3版，轉引自傅謹：〈昆曲《十五貫》新論〉，《戲劇：中央戲劇學院學報》2006年第2期，第73-74頁。

的話劇之中，導演屬於強項，它對於演員的表演往往有著主導和支配的作用。「戲曲改革運動」以後，戲曲界建立了專職的導演制度，「戲曲導演」的功能持續增強，而「戲曲表演」的空間則不斷被壓縮。

在舞臺美術方面，1951年4月，「中國戲曲舞臺裝置座談會」在北京召開。有人認為戲曲的「守舊」和布城等落後，有人主張新戲曲的演出應該新創作佈景。為了有利於新戲的佈景創作，戲曲劇本要以（話劇的）分幕制代替（戲曲的）的分場制[55]。幾年之後，更有人認為過去的舞臺條件是非常原始的，沒有明確的形象性，因而主張新創作的劇本要適當地減少場次，肯定環境，劇作家在創作時鄭重地考慮到佈景的存在，應該把演員身上的「佈景」卸下來讓舞臺美術工作者去做[56]。正是由於話劇或歌劇的舞臺美術工作者（以及一般美術愛好者）的加入[57]，傳統戲曲一些大劇種（如京劇、崑曲）改變了以往基本上不用佈景的演劇形態。總之，新文藝工作者的加入、「專業分工創作方式」的引進，徹底改變了戲曲的形態和特徵。

綜上所述，與中國古代戲曲所經歷的興衰、嬗變不同，二十世紀最具代表性的三次改革戲曲的訴求及實踐，都不是從戲曲的內部自發產生的，而是因西方文化的影響，從戲曲界的外部、由原本和戲曲沒有太大關係的知識份子們所發起、所推動的。本文則試圖對這一歷史過程作出客觀的描述而非簡單的價值判斷。

戲劇原本具有多重功能，娛樂、審美、教育、宗教，等等。來自戲曲界之外的知識份子之所以會關注戲曲，起初大都不是對戲曲的藝術發生了興趣，而是在外來觀念的啟迪之下，看中了當時戲曲所具有的大眾傳媒功能；出於「改造社會」之類的政治需求，他們將戲曲的宣教功能最大化[58]。於是，在西方文化強勢衝擊中國的歷史大背景下，由於現代

---

[55] 余從、王安葵主編：《中國當代戲曲史》，北京：學苑出版社，2005年，第177-178頁。

[56] 詳見冀和德：〈關於京劇的藝術改革中舞臺美術的創作問題〉，《戲劇報》1955年第1期，第44-46頁。

[57] 同注55，第179頁。

[58] 在古代雖然也有文人試圖將文以載道的傳統引入戲曲，但那畢竟還只是極少數有

知識份子的介入，特別是由於五〇年代的「戲曲改革運動」，中國戲曲徹底改變了它原有的自然狀態和發展方向。

識之士的見解。而在上述三次改革戲曲的訴求及實踐中，高度重視戲曲的宣教功能，已是現代知識份子們的共識。當然，因為政治立場和意識形態不同，這些知識份子所要宣傳、教育的內容則是不相同的。

時空維度的戲劇化探索：自我搏鬥、
歷史反思與穆旦四〇年代詩歌的現代主義追求

朱妍紅

美國華盛頓與李大學中國語言與文學系專任副教授

稍一沉思會聽見失去的生命，

落在時間的激流裡，向他呼救。

——穆旦〈智慧的來臨〉[1]

　　在〈智慧的來臨〉中，詩人穆旦（1918-1977）把人描繪成「不斷分裂的個體」，在時間的激流中，感歎生命的流逝，發出對「失去的生命」的呼救。這首詩所關注的個人在現代社會中的時間體驗（temporal experience）以及與此體驗相聯繫的個人「自我」的分裂是穆旦四十年代詩歌創作中最為重要的主題。同屬九葉詩派的詩人和詩歌理論家袁可嘉稱穆旦是四十年代新詩潮「名副其實的旗手之一」[2]，因為穆旦是「最能表現現代知識份子那種近乎冷酷的自覺性的」，而這種「求之於內心的自我反省」、「自我搏鬥」的自覺性也正是西方現代派詩歌的注重之點[3]。

　　四〇年代中期，袁可嘉針對當時詩壇新詩流於「說教」、流於「感傷」的傾向[4]，提出「新詩現代化」的觀點，呼籲尋求詩的「新傳統」，即「現實、象徵、玄學的新的綜合傳統」[5]、[6]。這一「新詩現

---

[1] 穆旦：《穆旦詩全集》，李方編，北京：中國文學出版社，1996年，第90頁。

[2] 袁可嘉：《半個世紀的腳印——袁可嘉詩文選》，北京：人民文學出版社，1994年，第157頁。

[3] 同前注，第313頁。

[4] 同前注，第68頁。

[5] 王聖思編：《「九葉詩人」評論資料選》，上海：華東師範大學出版社，1995年，第15頁。

[6] 袁可嘉的〈新詩現代化〉一文也被收入在《半個世紀的腳印——袁可嘉詩文選》，

代化」理論與西方現代主義詩歌傳統、特別是艾略特（T. S. Eliot）的詩歌與文論有密切關係，正如袁可嘉提出的，「新詩現代化要求完全植基於現代人最大量意識狀態的心理認識，接受以艾略特為核心的現代西洋詩的影響」[7]、[8]袁可嘉更把穆旦看作是新詩新傳統追求中的領軍人物，認為他在新詩「現代化」的追求上「比誰都做得徹底」[9]。「九葉」之一詩人唐祈則稱穆旦是「40年代最早有意識地傾向現代主義的詩人」，並能把「艾略特的玄學的思維和奧登的心理探索結合起來」，形成自己特有的詩風。[10]

　　探討穆旦這位「新詩現代化」實踐做得最為徹底的詩人其四十年代詩歌創作的現代主義追求，有必要先對袁可嘉提出的「新詩現代化」理論以及與之密切相關的西方現代主義思潮和詩歌傳統作一些討論。本文將從西方現代主義思潮中的非線性時間觀入手，討論時間觀念變化對於西方現代主義文學的影響以及非線性時間觀在袁可嘉詩歌理論中的體現。袁可嘉作為九葉詩派這「一群自覺的現代主義者」[11]中主要的詩歌理論家，其「新詩現代化」理論宣導的是一種「中國式現代主義」[12]、[13]用以艾略特為中心的「現代西洋詩的經驗作根

但在本文中筆者選擇被收入於王聖思所編的《「九葉詩人」評論資料選》的版本，因為這個版本保留了當時原作中所運用的英文原文，對後文的引用有幫助。

[7]　王聖思編：《「九葉詩人」評論資料選》，上海：華東師範大學出版社，1995年，第20頁。

[8]　袁可嘉的《新詩現代化的再分析——技術諸平面的透視》一文筆者選擇了王聖思所編的《「九葉詩人」評論資料選》中的版本。

[9]　袁可嘉：《半個世紀的腳印——袁可嘉詩文選》，北京：人民文學出版社，1994年，第157頁。

[10]　杜運燮、袁可嘉、周與良編：《一個民族已經起來——懷念詩人、翻譯家穆旦》，南京：江蘇人民出版社，1987年，第55頁。

[11]　唐湜：《新意度集》，北京：三聯書店，1990年，第21頁。

[12]　袁可嘉：《半個世紀的腳印——袁可嘉詩文選》，北京：人民文學出版社，1994年，第2頁。

[13]　「中國式現代主義」是袁可嘉在80年代提出的術語，如今已被很多學者在他們關於九葉詩派的著作中廣泛運用。例如孫玉石：《中國現代主義詩潮史論》，北京：北京大學出版社，1999，第2-9章；劉強：〈中國式的現代主義藝術——對九葉詩派及其創作的研究〉，《當代作家評論》，1996年第6期，第86-93頁；王

據」[14]，追求筆者所稱的詩歌的「戲劇性綜合」（drama-tic synthesis），而這裡的「戲劇性」在筆者看來則包含了兩層含義：一是注重詩歌與戲劇的關係，用袁可嘉自己的話說便是「新詩戲劇化」，以戲劇入詩或突出詩的戲劇性表現[15]；二是強調對歷史作顛覆性的反思。[16]這兩個層面的「戲劇性」都反映出袁可嘉把非線性時間觀作為新詩現代化的基礎，希望新詩一方面能突破直線的、單一的表達方式，形成多層次的詩歌結構，另一方面又能表現出突破線性時間觀念的現代歷史觀。探討這兩個層面的「戲劇性」是如何在穆旦詩歌中體現的便可比較深入地研究穆旦詩歌的現代性。筆者認為，穆旦詩歌的「戲劇性」一方面體現在他對於詩歌創作的非線性結構以及對在支離破碎的現實世界中被孤立、被囚禁、被異化的個人內心的多層次的、極富戲劇張力的刻畫的追求；另一方面，穆旦詩歌更反映出他強烈的、顛覆線性時間觀念的歷史反思。過去、現在、將來不再是線性時間流上互不相干的不同時段，他們相互影響，讓詩人對過去矛盾、對將來懷疑、對現在執著。

一、非線性時間觀與新詩的戲劇性綜合

　　西方現代主義文學通常被認為是在十九世紀和二十世紀之交作家對所經歷的文化危機所作出的直接反應。啟蒙主義時期，在牛頓定律的基礎上，自然科學得以充分的發展，科學家們因而普遍認為整個物質世界

德祿：〈九葉詩派：中國新詩歷史綜合的界標〉，上篇、下篇），《貴州社會科學》，1995年第6期，第51-57頁；1996年第2期，第67-70頁；蔣登科：〈西方現代主義詩歌與九葉詩派的流派特徵〉，《社會科學研究》，2000年第1期，第143-147頁，等等。

[14] 袁可嘉：《半個世紀的腳印——袁可嘉詩文選》，北京：人民文學出版社，1994年，第69頁。

[15] 同前注，第65-72頁。

[16] 在英文中，「新詩戲劇化」可譯為dramatization in poetry，而「顛覆性的歷史反思」可譯為dramatic rethinking of history。因而，筆者把這兩方面結合起來，稱袁可嘉提出的新詩「新的綜合傳統」為「戲劇性綜合」（drama-tic synthesis），意在用一詞把這兩方面的思想都能融匯於其中。

都可以用一系列抽象原理來解釋。時間被認為是「絕對的」、「數學的」，以線性方式「不與任何外界事物相關而均勻流動的」，這樣的時間觀正是當時崇尚科學及抽象原理心理的反映，更表現出如黑格爾在其著作中所表述的堅信歷史進步論的觀念。[17]然而，十九至二十世紀之交，特別是第一次世界大戰之後，戰爭的殘酷摧毀了人們對科技以及物質文明進步的信心，而對時間這一概念的理解也隨之發生了變化。哲學家們為了證明科學並不是表現現實的唯一方法，推翻啟蒙時期的科學決定論，都努力「把抽象概念與具體感受的流動完全區分開」，因而儘管他們提出的理論各不相同，如伯格森（Henri Bergson）的「真實的綿延」（real duration），詹姆斯（William James）的「意識流」（stream of consciousness），布拉德雷（F. H. Bradley）的「直接經驗」（immediate experience）和尼采（Friedrich Nietzsche）的「混亂的感覺」（chaos of sensations），這些哲學家都認同一個觀點，即現實世界並不能以靜態的、抽象的科學原理來解釋，而需要專注於動態的感受與經驗。[18]這樣的思想反映一種與啟蒙時期線性時間觀（linear temporality）相對的非線性時間觀念（non-linear temporality），反映在現代主義文學中，便是按時間順序的線性敘事結構被非線性的、多層次的結構所替代，作家們也因此更多地關注描寫具體的、變化中的經歷和感受，在作品中探索「多層次的意識狀態」，或者轉向內心，專注於抒寫個人的自我審視、反省與掙扎。[19]這種多層次的結構用弗蘭克（Joseph Frank）的話說，便是「空間形式」。弗蘭克在其論文〈文學的空間形式〉中提出現代主義文學一反線性時間邏輯，注重並置的、分裂的、非線性的文學結構，讓文學作品呈現出「空間形式」，如龐德的對意象的定義以及艾略特的〈荒

[17] Schleifer, Ronald. *Modernism and Time: The Logic of Abundance in Literature, Science, and Culture, 1880-1930.* Cambridge: Cambridge University Press, 2000. pp.37-40.

[18] Schwartz, Sanford. *The Matrix of Modernism: Pound, Eliot, and Early Twentieth Century Thought.* Princeton: Princeton University Press, 1985. P.19.

[19] Bradbury, Malcolm and James McFarlane, eds. *Modernism 1890-1930.* London: Penguin Books, 1991. pp.46-50.

原〉都是這一文學「空間形式」的代表作。[20]

　　袁可嘉在其「新詩現代化」的理論中提出西方現代主義詩歌在各個方面都「顯示出高度的綜合的性質」，因此中國的新詩也需要一個「現實、象徵、玄學的新的綜合傳統」[21]，而支持這一理論的正是在袁可嘉看來對現代主義詩歌創作至關重要的非線性時間觀。在〈詩與民主〉一文中，袁可嘉提出「直線的運動」已無法應付「奇異的現代世界」，因此詩歌從浪漫主義發展到現代主義是從「抒情的進展到戲劇的」，現代主義詩歌要運用「曲折、暗示與迂回」的表現方式，「放棄原來的直線傾瀉而採取曲線的戲劇的發展」[22、23]。

　　要達到詩歌戲劇化，間接性地表達曲折變易的「感覺曲線」，袁可嘉提出詩人可以運用意象以及艾略特所提出的「想像邏輯」和「客觀對應物」來進行詩歌創作。詩人通過「想像邏輯」可以對全詩結構進行組織安排（sense of structure through logic of imagination）[24、25]而「客觀對應物」則可讓詩人避免平鋪直敘而選擇與思想或情感對應的具體事物作表達，這種方法特別能加強詩歌的戲劇性，因為這樣便不會直線地表達單一的情感，而是把不同的、甚至是相對抗的情感融合在一起來表現人類情感的複雜性，使詩歌以多層次的結構展開。[26]針對當時詩壇占主導的情感氾濫、表現單一的詩歌潮流，袁可嘉根據艾略特在〈傳統與個人才能〉一文中提出的「非個性化」的觀點，要求新詩也能做到如艾略特所說的「不是放縱感情，而是逃避感情，不是表現個性，而是逃避個

---

[20] Frank, Joseph. *The Widening Gyre: Crisis and Mastery in Modern Literature*. Bloomington: Indiana University Press, 1968. pp.9-12.

[21] 王聖思編：《「九葉詩人」評論資料選》，上海：華東師範大學出版社，1995年，第14-15頁。

[22] 袁可嘉：《半個世紀的腳印——袁可嘉詩文選》，北京：人民文學出版社，1994年，第88-89頁。

[23] 同前注。

[24] 王聖思編：《「九葉詩人」評論資料選》，上海：華東師範大學出版社，1995年，第27頁。

[25] 此處所引用的英文為袁可嘉《新詩現代化的再分析——技術諸平面的透視》中的原文。

[26] 唐湜：《新意度集》，北京：三聯書店，1990年，第131頁。

性」[27]。艾略特宣導「逃避感情」、「逃避個性」並不是完全去除感情與個性，而是主張在詩中戲劇化地表現情感，把正反兩種感情，如「一種對於美的非常強烈的吸引和一種對於醜的同樣強烈的迷惑」，結合在一起而產生「新的藝術感情」[28]。袁可嘉「新詩現代化」理論的重要觀點之一也是要求在詩作中戲劇化地表現情感，這種戲劇化使得詩作具有非線性的結構，成為「包含的詩」，「包含衝突，矛盾，而像悲劇一樣地終止於更高的調和」[29]。

為了用具體的實例來更好地印證他所提出的理論，袁可嘉在〈新詩現代化〉一文的結尾處引用和分析了穆旦的〈時感四首〉中的第四首，並進一步強調了「paradox」的運用（意指矛盾與衝突）在現代詩歌中的重要性。[30]穆旦在這首詩中寫道：

> 我們希望我們能有一個希望，
> 然後再受辱，痛苦，掙扎，死亡，
> 因為在我們明亮的血裡奔流著勇敢，
> 可是在勇敢的中心：茫然。
>
> 我們希望我們能有一個希望，
> 它說：我並不美麗，但我不再欺騙，
> 因為我們看見那麼多死去人的眼睛
> 在我們的絕望裡閃著淚的火焰。

---

[27] 袁可嘉：〈論詩境的擴展和結晶〉，見於《論新詩現代化》. 北京：生活・讀書・新知三聯書店，1988年，第11頁。

[28] 艾略特：〈傳統與個人才能〉，見於《艾略特文集・論文》，卞之琳、李賦寧等譯，陸建德主編，上海：上海譯文出版社，2012年，第9-10頁。

[29] 袁可嘉：《半個世紀的腳印——袁可嘉詩文選》，北京：人民文學出版社，1994年，第19頁。

[30] 王聖思編：《「九葉詩人」評論資料選》，上海：華東師範大學出版社，1995年，第144頁。

......

還要在這無名的黑暗裡開闢起點，

而在這起點裡卻積壓著多年的恥辱：

冷刺著死人的骨頭，就要毀滅我們一生，

我們只希望有一個希望當作報復。[31]

袁可嘉把這首詩看作是新詩新的綜合傳統的傑出代表，因為穆旦「並不採取痛苦怒號的流行形式」，而是把情感與思想結合為一體來控訴黑暗的現實，因此「絕望裡期待希望，希望中見出絕望」這兩支「Paradoxical的思想主流」相互滲透在詩的每一節中，突出了詩歌綜合的效果。[32]這樣的綜合是戲劇性的，因為整首詩成功地把矛盾的情感與思想糅合成「新的整體」，以非線性的、多層次的結構表現複雜的、強烈的、甚至有衝突的情感，而這樣的結構也正體現了弗蘭克所謂的「空間形式」。正如艾略特在〈形而上的詩人〉一文中所說的，現代人的經歷是「混亂的，不規則的，支離破碎的」，而詩人卻要時時刻刻在其腦海中讓看似不相關的經歷形成「新的整體」[33]，現代主義詩歌也正是以「空間形式」把看似不和諧或不相干的事物、情感整合在一起，使詩作有更為戲劇性的表現形式。

「空間形式」在穆旦四十年代的詩歌中有較為集中的體現。如描述城市的現代生活的詩〈紳士和淑女〉便是以想像邏輯與空間架構把碎片式的現代體驗結合成一體，以這首詩的部分為例：

紳士和淑女，紳士和淑女，

走著高貴的腳步，有著輕鬆愉快的

談吐，在家裡教客人舒服，

[31] 穆旦：《穆旦詩全集》，李方編，北京：中國文學出版社，1996年，第122頁。

[32] 王聖思編：《「九葉詩人」評論資料選》，上海：華東師範大學出版社，1995年，第19頁。

[33] T. S. Eliot. The Metaphysical Poets, From *Selected Essays: 1917-1932*. New York: Harcourt, Brace and Company, 1932. pp.246-247

或者出門，弄髒一塵不染的服裝，
回來再洗洗修潔的皮膚。
紳士和淑女永遠活在柔軟的椅子上，
或者運動他們的雙腿，擺動他們美麗的
臀部，像柳葉一樣的飛翔；
不像你和我，每天想著想著就發愁，
見不得人，到了體面的地方就害羞！
哪能人比人，一條一條揚長的大街，
看我們這邊或那邊，躲閃又慌張，
汽車一停：多少眼睛向你們致敬，
高樓，燈火，酒肉：都歡迎呀，歡迎！
諸先生決定，會商，發起，主辦，
夫人和小姐，你們來了也都是無限榮幸，
只等音樂奏起，談話就可以停頓；
而我們在各自的黑角落等著，那不見的一群。[34]

在這首詩中，穆旦把看似不相關的生活場景聯接、並置，描述了兩種截然不同的城市生活，一種以「紳士和淑女」為代表而另一種以「我們」為代表，並突出展現了「紳士和淑女」的極度奢侈的生活與「我們」這「不見的一群」在生活底線痛苦掙扎的強烈對照。整首詩以諷刺的口吻以及平行的空間架構展示了城市生活的整體面貌，而詩人則在詩的最後對這兩種生活態度都作出了批判及勸誡，要求我們的下一代「別學我們這麼不長進」，而諷刺地敬祝紳士和淑女們「一代代往下傳」但「千萬小心傷風，和那無法無天的共產黨，／中國住著太危險，還可以搬出到外洋！」[35]

通過意象或客觀對應物的運用，將不同場景、不和諧的、甚至有衝突的情感交錯雜糅在一起是強化詩歌空間化的非線性結構和戲劇性表達

---

[34] 穆旦：《穆旦詩全集》，李方編，北京：中國文學出版社，1996年，第267頁。
[35] 同前註，第268頁。

的一種有效的方式，而在詩中以戲劇的表現形式，運用多種聲音或者角色則更能加強詩歌的戲劇性綜合的效果。艾略特的〈荒原〉作為西方現代主義詩歌的代表，一反過去詩歌傳統中運用一種聲音的「獨白式」（monologic）結構而轉向「小說式」（novelistic）的，通過結合不同聲音來表現出如巴赫金所稱的「眾聲喧嘩」的特質。[36]這種具有多種聲音、多層次表述的「小說式」結構與袁可嘉所稱的「戲劇性」極為相近，而穆旦的〈防空洞裡的抒情詩〉則是這一類新詩戲劇化追求的代表作品。在這首詩中，穆旦運用了獨白和對話的方式展現了「眾聲喧嘩」與「多音雜響」，用「戲劇性抒情」的方式展示在戰爭背景下防空洞中「兩種聲音的尖銳對立」，一是以「他」或「人們」為代表的大眾的聲音，他們不關世事、渾渾噩噩地在凡俗小事中得過且過，而與之相對的則是「我」的聲音，詩中的「我」既「身在其中又心在其外」，時時思索、體味著生命的悲苦。[37]

讓這首詩的非線性結構更為突出的，除了以多種聲音入詩、多層次地展現防空洞這一具體的地理空間的情狀之外，還有詩人對「我」的心理空間和內心掙扎的深層探索。這一心理與想像的空間在詩中是以縮進的兩個小節來表現的，而穆旦在詩歌的格式上有意設置縮進，可見他對非線性結構的特別重視，使這兩個表現「我」的內心世界、思維想像的小節既成為整首詩不可或缺的一部分又突出其與詩中所設定的防空洞的空間相隔、相左的特點。看著防空洞中人們「黑色的臉，黑色的身子，黑色的手」，「我」的思緒從防空洞中離開進入想像的空間，穆旦寫到：

　　煉丹的術士落下沉重的
　　眼瞼，不覺墜入了夢裡，

---

[36] Childs, Peter. *The Twentieth Century in Poetry: A Critical Survey*. London and New York: Routledge, 1999. pp.80-81.

[37] 張岩泉：《論「九葉詩派」的抒情表達方式》，《海南師範學院學報（哲社版）》，2001年第6期（第14卷），第33-35頁。

> 無數個陰魂跑出了地獄，
> 悄悄收攝了，火燒，剝皮，
> 聽他號出極樂國的聲息。
> 看，在古代的大森林裡，
> 那個漸漸冰冷了的僵屍！[38]

　　縮進的格式讓這一節詩顯示出轉變，這一轉變不僅是從現實到想像的空間的變化，更是在時間緯度上從當下穿越到古代，而這想像中的遠古時空更是與現實中預示安全與防護的防空洞形成強烈的反差，充斥著陰暗、恐怖的意象，用「地獄」、「陰魂」、「僵屍」等暗示著痛苦與死亡。回到現實，「我」發現更可怕的是現實社會的同化作用，讓「我」也有可能「染上了黑色，和這些人們一樣」。為了抵制這磨滅個性的同化作用，詩歌再次回到想像空間，雖然痛苦依舊，卻聽到了戰鬥的吶喊，「毀滅，毀滅」！穆旦在詩中通過對想像中遠古時空的描述，映射了現實中個人內心世界的掙扎與搏鬥，整首詩的戲劇性表述更是在詩的最後一節達到高潮：「勝利了，他說，打下幾架敵機？／我笑，是我。」這一簡短的對話，讓讀者發現這首詩雖然設置在戰爭的背景之下，然而其真正關注的卻並不是現實中敵我雙方的戰鬥，而是自我的搏鬥，是尋求保持獨立與個性的自我戰勝被社會同化的自我的戰鬥，「我」成為分裂的個體，既是這場戰爭的勝利者，也是失敗者，詩最後寫道：「我是獨自走上了被炸毀的樓，／而發現我自己死在那兒／僵硬的，滿臉上是歡笑，眼淚，和歎息」[39]。

　　袁可嘉在〈新詩戲劇化〉一文中提出詩的戲劇化至少有三個方向，一是較為內向的作者，他們「努力探索自己的內心，而把思想感覺的波動借對於客觀事物的精神認識而得到表現」；二是較為外向的作者，他們利用「機智，聰明及運用文字的特殊才能」把詩作的對象描繪、表現

---

[38] 穆旦：《穆旦詩全集》，李方編，北京：中國文學出版社，1996年，第49頁。
[39] 同前注，第50頁。

出來；三是「乾脆寫詩劇」。[40]穆旦這位在新詩「現代化」追求上做得最為徹底的詩人，可以說是一位「內向」的作者，在詩歌的「戲劇性綜合」方面，除了嘗試多層次的、空間化的、甚至小說式的「眾聲喧嘩」的詩歌結構之外，更主要的是專注於探索與外部的現實社會空間相對照的個人的心理空間以及在此心理空間中自我的分裂與搏鬥。在下一節探討穆旦詩歌的現代性追求中，筆者將著力從穆旦詩歌表現內心的掙扎、矛盾的角度，以艾略特的荒原作借鑒，討論穆旦詩歌的戲劇性追求。

二、自我搏鬥：「沖出樊籬」、直面荒原

　　「九葉」之一詩人唐湜在《穆旦論》中稱艾略特的〈荒原〉是「現代詩最典型的代表」，描述的是現代與過去之間、「兩種文化」以及「新舊傳統間的悲劇」，但大多數的中國詩人無法像艾略特這樣，因為他們「忽略了詩人自己所需要完成的一種自我發展與自我完成」。[41]唐湜認為穆旦是「中國少數能作自我思想、自我感受」的詩人，在詩中表現出一種「生命的肉搏」，一種「深沉的生命的焦灼」，因而「自我分裂與它的克服」成為穆旦詩作中一個「永無終結的過程」。唐湜同時特別指出穆旦的詩歌與艾略特的關係，稱他的〈防空洞裡的抒情詩〉與〈五月〉展現出「兩種風格的對比」，正如艾略特的〈荒原〉一樣。[42]因此，在討論穆旦詩作中對個人生存狀況的思索以及對內心世界的探求之前，也有必要進一步對艾略特的〈荒原〉作一些介紹與討論。

　　艾略特的長詩〈荒原〉發表於第一次世界大戰之後的1922年，通過對戰後社會的荒涼現實以及對分裂的、異化的現代經歷的描述，揭示了西方整個文明的瓦解。[43]運用「客觀對應物」的手法，艾略特以各種形

---

[40] 袁可嘉：《半個世紀的腳印——袁可嘉詩文選》，北京：人民文學出版社，1994年，第69-71頁。

[41] 王聖思編：《「九葉詩人」評論資料選》，上海：華東師範大學出版社，1995年，第337-338頁。

[42] 同前注，第337-339頁。

[43] 〈荒原〉是艾略特最著名的作品，對中國現代主義詩歌也影響深遠。董洪川的著

式把歷史、典故、神話、文學作品等與現實生活交織在一起，展現了人類文化的傳統與境遇。作為詩人，艾略特認為「對詩人最有利的不在於有一個美麗的世界去刻畫，而在於有能力看到美與醜背後的東西，看到寂寥，恐怖和輝煌」[44]。因此，在〈荒原〉中，艾略特揭示了現代社會中「異位化與非人化」（dislocating and dehumanizing）的力量，使得現代社會成為了一個「空心人的世界，以內在的空白思考外在的空白」，而「荒原」這一全詩的中心意象便同時映射了兩個空間的現代體驗，獲得了內外雙重的喻意，它既代表了外部世界中黑暗的現實與文明的瓦解，同時也代表了個人在面對自己的情感與精神危機時內心世界中「戲劇化的個人意識」（dramatization of individual consciousness）。[45]

〈荒原〉展現了現代人的生存狀況，一種支離破碎、百無聊賴的現代時間體驗，現實社會是「非真實的」，如「虛幻的城市」，但這外部世界的「荒原」也正是現代人內心世界的「荒原」的表現，現代人的自我更是分裂的，這些自我呈現在詩中紛繁複雜的各個人物與角色中，如索梭斯特裡斯太太，獨眼商人，弗萊巴斯，泰瑞西士和漁王等等。然而在詩後的注釋中，艾略特特別提到了泰瑞西士，稱他「雖然僅是一個旁觀者，不是戲中『角色』，卻是本詩中最重要的人物，他貫穿所有其他人物」。[46]如此看來，在看似毫無中心的詩歌的各種聲音背後，卻也隱藏著一個貫穿始終的、戲劇化的聲音。這一聲音所要指出的是現代人的囚禁：

作《「荒原」之風：T. S. 艾略特在中國》對艾略特的作品和詩歌理論在中國的譯介以及其在中國的影響與接受作了系統的討論。參見董洪川：《「荒原」之風：T. S. 艾略特在中國》，北京：北京大學出版社，2004；另外關於艾略特的詩作、文論在中國的傳播，可參見張松建：《現代詩的再出發：中國四十年代現代主義詩潮新探》，北京：北京大學出版社，2009：35-48。

[44] Weiskel, Portia Williams. *On the Writings of T.S. Eliot*. T.S. Eliot, ed. Harold Bloom. Broomall: Chelsea House Publishers, 2003, P.55.

[45] 同前注，第57頁。

[46] 艾略特：《荒原－艾略特文集・詩歌》，湯永寬、裘小龍等譯，上海：上海譯文出版社，2012年，第108頁。

我聽到鑰匙

在門上轉動了一次，只轉動一次
我們想起了鑰匙，每個在監獄裡的人
都想起鑰匙，只是到夜晚時分每個人
才證實一座監獄，虛無飄渺的傳說
才把疲憊不堪的科利奧蘭納斯復活片刻[47]

這裡艾略特引用《神曲》中烏哥利諾聽到「鑰匙」的轉動之聲而意識到自己與孩子們被監禁而將餓死的典故，[48]揭示了現代人被囚禁、被隔絕的生存狀況。如果說艾略特刻意地把詩人的個性與自我分散於詩中各個人物與角色之中，那麼這些分散的卻又相互關聯的人物與角色正是詩人自己內心的分裂與鬥爭的表現，詩人借助這各種聲音間接地表達出既對囚禁絕望，又渴望著解禁的心聲，而對艾略特而說唯一的出路便是寄託於信仰，寄託於上帝。

在穆旦的詩中，人類在現代社會中的生存狀況如艾略特在〈荒原〉中描述的一樣，也是被隔絕、被囚禁的。在〈隱現〉中，穆旦寫道：「當人從自然的赤裸裡誕生／我要指出他的囚禁」[49]，而這種囚禁在穆旦的詩中更明確的指向了其時間性。在〈犧牲〉中，穆旦把現在與未來並置、對照，而人類感受的時間體驗已不再是按線性模式自行流動的了。人們發現：

一切醜惡的掘出來
把我們釘住在現在，
一個全體的失望在生長

---

[47] 同前注，第106頁。

[48] 關於此處的用典，請參閱翻譯者在當頁的注釋4以及原注第411行。參見艾略特，《荒原─艾略特文集‧詩歌》，湯永寬、裘小龍等譯，上海：上海譯文出版社，2012年，第102頁和第112-113頁。

[49] 穆旦：《穆旦詩全集》，李方編，北京：中國文學出版社，1996年，第237頁。

> 吸取明天做它的營養，
>
> 無論什麼美麗的遠景都不能把我們移動；
>
> 這蒼白的世界正向我們索要屈辱的犧牲。[50]

　　如果說〈荒原〉通過運用歷史、典故、神話等暗示了一種停滯的時間體驗，即所謂的「毫無任何希望轉變的永久的現在」[51]，那在這首詩中，穆旦則是更明確地指出「醜惡」的「現在」的永久性，使得任何對未來、對進步、對變化的憧憬反而更加強了人們的失望與絕望，就好像烏哥利諾那樣需在囚禁中目睹自己的死亡。同樣在《三十誕辰有感》中，「現在」存在於「過去和未來兩大黑暗間」，而且是「不斷熄滅的」、時時「崩潰」的，人被困於此，自我分裂，更「在每一刻的崩潰上，看見一個敵視的我」，而這分裂、破碎的自我唯有目睹自己「跟著向下碎落」、「化為齏粉」。[52]

　　在穆旦的詩中，人類的囚禁往往是出於現代文明對自然的背棄，而現代文明不僅僅是以永久性的、崩潰的「現在」為代表，更是具體地以「八小時」這一現代時間概念來展現的。《線上》寫出了現代時間與自然的隔絕以及人類在這現代時間中的困頓：「八小時躲開了陽光和泥土，／十年二十年在一件事的末梢上，／在人世的咨詢裡，要找到安全」，而人在這樣周而復始的「八小時」的現代時間的限制中，便連「自我」也無處找尋了，剩下的只是：

> 那無神的眼！那陷落的兩肩！
>
> 痛苦的頭腦現在已經安分！
>
> 那就要燃盡的蠟燭的火焰！

---

[50] 同前注，第249頁。

[51] Nicholls, Peter. *Modernisms: A Literary Guide.* Berkeley: University of California Press, 1995. P.253

[52] 穆旦：《穆旦詩全集》，李方編，北京：中國文學出版社，1996年，第228頁

> 在擺著無數方向的原野上，
>
> 這時候，他一身擔當過的事情
>
> 碾過他，卻只碾出了一條細線。[53]

人「從自然裡誕生」之初，本可以在「擺著無數方向的原野上」自由發展，卻旋進了世俗人生，使得人們「在約定俗成中完成人生」，因此這代表現代文明中的時間體驗的「八小時」便成為使人類的「生命活力的喪失和人生理想的蛻化」的力量[54]，也是現代文明的「制度化時間」對「生命異化的根源所在」[55]。詩人在詩的開篇稱「人們說這是他所選擇的」，也許在無所不在的社會習俗的「儒化作用」下這種選擇更揭示了人的無從選擇的困境[56]，但詩人所要強調的卻不僅僅是現代社會、現代時間對人的囚禁，而更重要的是從外界世界轉到內心，揭示人類自我的囚禁。梁秉鈞提出穆旦的很多詩作都「強調自我的破碎和轉變，顯示內察的探索」[57]，其中〈我〉是探索人與自然隔絕，經受囚禁又渴望「衝出樊籬」的代表作。在詩中，人類與自然的隔絕以「從子宮割裂」，人的誕生為標誌，而人的囚禁也從此開始。詩人一語雙關地指出人的生存狀態：「永遠是自己，鎖在荒野裡」。這一句點出了「自我」在外部世界的「荒野」中的囚禁，同時也暗示人類一出生便是「殘缺」的，而這已「殘缺」的自我在離開「子宮」的那一刹那，早已裂變成瑣碎的自我的化身，人類內省的時候才發現自己竟也是被這「幻化」的自我囚禁著：

---

[53] 同前注，第177頁。

[54] 張岩泉：〈分裂的自我形象與破碎的世界——穆旦詩歌研究之一〉，《社會科學》，2013年第11期，第180-184頁。

[55] 馬春光：〈論穆旦詩歌對現代「異化」個體的抒寫〉，《中南大學學報（哲社版）》，2015年第21卷第4期，第199頁。

[56] 張岩泉：〈分裂的自我形象與破碎的世界——穆旦詩歌研究之一〉，《社會科學》，2013年第11期，第184頁。

[57] 杜運燮、袁可嘉、周與良編：《一個民族已經起來——懷念詩人、翻譯家穆旦》，南京：江蘇人民出版社，1987年，第43-44頁。

　　遇見部分時在一起哭喊，
　　是初戀的狂喜，想沖出樊籬，
　　伸出雙手來抱住了自己。

　　幻化的形象，是更深的絕望，
　　永遠是自己，鎖在荒野裡，
　　仇恨著母親給分出了夢境。[58]

　　在詩中被囚禁的「我」想「沖出樊籬」，遇見「部分」時以為可以彌補自己的殘缺，完成自我、超越自我，卻發現「沒有什麼抓住」，有的只是「幻化的形象」和無法逃脫的「更深的絕望」。人類被永遠「鎖在」外部世界、現代文明的「荒原」，轉向內心卻發現更無奈的是永遠被困在內心的自我搏鬥、自我掙扎中，無法掙脫「自我」的樊籬。

　　寫於1940年的〈還原作用〉以身陷在「污泥裡的豬」被迫直視自己「變形的枉然」為意象，描寫了青年一代在社會的「還原作用」的力量的壓迫下掙扎在美夢破碎之後的現實中。這首詩以「污泥裡的豬夢見生了翅膀」渴望飛出泥潭開篇，卻又馬上把它從夢境喚回現實，讓它在醒來時只能「悲痛地呼喊」。在開篇第一節詩中，穆旦便用夢境與現實的強烈對照給整首詩定了基調。正如艾略特在〈荒原〉中揭示現實世界的醜惡與空虛一樣，穆旦在這首詩中也著重描繪了社會的黑暗與其異化的力量：

　　胸裡燃燒了卻不能起床，
　　跳蚤，耗子，在他身上粘著：
　　你愛我嗎？我愛你，他說。

---

[58] 穆旦：《穆旦詩全集》，李方編，北京：中國文學出版社，1996年，第86頁。

八小時工作，挖成一顆空殼，
蕩在塵網裡，害怕把絲弄斷，
蜘蛛嗅過了，知道沒有用處。

他的安慰是求學時的朋友，
三月的花園怎麼樣盛開，
通信聯起了一大片荒原。[59]

　　穆旦在詩中特別強調了表達的間接性與戲劇化，運用了一系列的意象，創造出多種近乎醜惡而非詩化的角色，如跳蚤，耗子，蜘蛛等來展示現實世界的嚴酷，並通過「花園」與「荒原」兩個相反相成的意象進一步揭示了現實與夢境的巨大落差。穆旦三十多年後曾給一位讀者解釋過自己當時寫這首詩的想法，他說這首小詩「表現舊社會中，青年人如陷入泥坑中的豬（而又自認為天鵝），必須忍住厭惡之感來謀生活，處處忍耐，把自己的理想都磨完了，由幻想是花園而變為一片荒原」[60]。這裡詩中的「荒原」如艾略特在他的代表作中一樣，不僅是衰敗、蕭條的現實境況的寫照，更重要的是它代表了現代人的「思想狀態」以及殘酷的「現代機械的日常生活」給人的精神生活所帶來的侵蝕。[61]正是在這精神的荒原中，人類的一切被腐蝕殆盡，只剩下「一顆空殼」。詩的最後一節點出了整首詩的主題，以「看出了變形的枉然」揭示現代社會的「還原作用」：

那裡看出了變形的枉然，
開始學習著在地上走步，
一切是無邊的，無邊的遲緩。[62]

---

[59] 穆旦：《穆旦詩全集》，李方編，北京：中國文學出版社，1996年，第85頁

[60] 穆旦：《穆旦詩文集》，第2卷，北京：人民文學出版社，2014年，第212頁。

[61] Weiskel, Portia Williams. *On the Writings of T.S. Eliot*. T.S. Eliot, ed. Harold Bloom. Broomall: Chelsea House Publishers, 2003, P.58.

[62] 穆旦：《穆旦詩全集》，李方編，北京：中國文學出版社，1996年，第85頁.

「還原作用」這一主題一方面直接指向外部世界，意在批判社會現實中
碾碎夢想、磨滅個性的力量；可另一方面，如「荒原」的雙重意義一
樣，我們亦可把它看作是一種向內的自省，在經歷忍耐、妥協、小心
翼翼、舉步維艱之後才發現所剩的只有內在的「空殼」和外在的「荒
原」，那麼「還原作用」更應該是一種還原自我的力量。這種力量不在
夢境中的天上，因為美夢終將破碎，而在現實的地上，因此詩的最後兩
句凸顯了一種新的人生態度，那是拋棄所謂掙脫現實的夢想，踏踏實實
地「開始學習著在地上走步」，勇敢地去面對荒原，也許這荒原「無
邊」、過程「遲緩」，但畢竟這是一種植根於現實、直面人生、還原自
我的積極的人生態度。

　　艾略特在〈荒原〉最後寫下了這樣的詩句：「我坐在岸邊／垂釣，
身後是乾旱荒蕪的平原／我是否至少該把我的國家整頓好？」[63]這裡的
「我」坐在岸邊，一面是水，一面是荒原，就好像處於毀滅與重生的中
間地帶，但是「我」是背對荒原的，並沒有積極地去改變什麼，即使覺
得「我」有責任「把我的國家整頓好」，可並無建樹，有的只是「用
來支撐自己以免毀滅的零星斷片」[64]。於是，「我」只是在岸邊「垂
釣」，等待荒原的重生、文明的重建。身處四十年代戰亂中的中國，穆
旦的內心無法達到垂釣者的平靜，如〈在曠野上〉這首詩中，當「心的
曠野」與現實中「絕望的色彩和無助的夭亡」相碰撞，詩人寫出了內心
難以抑制的掙扎與激蕩：「我久已深埋的光熱的源泉，／卻不斷地迸
裂，翻轉，燃燒」[65]。穆旦這位「生命的肉搏者」，的確善於在詩中運
用矛盾與衝突的情感、刻劃分裂、幻化的自我，然而最為可貴的是他不
僅僅止於此，而是努力正視現實世界如「可怕的夢魘」般的「一切的不
真實」，追求成為「那永不甘心的剛強的英雄」，於是穆旦寫道：

[63] 艾略特：《荒原—艾略特文集・詩歌》，湯永寬、裘小龍等譯，上海：上海譯文
出版社，2012年，第103頁。
[64] 同前注。
[65] 穆旦：《穆旦詩全集》，李方編，北京：中國文學出版社，1996年，第75頁。

人子啊，棄絕了一個又一個謊，

你就棄絕了歡樂；還有什麼

更能使你留戀的，除了走去

向著一片荒涼，和悲劇的命運！[66]

　　現實世界讓人不斷希望又不斷幻滅、經歷無窮的絕望，然而穆旦不願背對「荒原」而等待救贖，他要的是直面「荒原」，勇敢地「向著一片荒涼，和悲劇的命運」走去。穆旦的詩作關注個人在現實中的處境，特別是個人被現實、被自我囚禁的命運，並通過對自我在希望與絕望之間掙扎的焦灼與痛苦的描繪，戲劇化地展現了個人的內心世界，而在這掙扎與矛盾之外，詩人所透露的那種直面現實的堅定與勇敢值得敬佩。

顛覆性的歷史反思：循環歷史與永恆輪回

　　前文提到袁可嘉提出的「新詩現代化」理論追求一種「戲劇性的綜合」，而「戲劇性」不僅是講究詩歌的戲劇化表達，而且更暗含了一種顛覆性的歷史反思。袁可嘉指出對於現代作家來說，要表現複雜的、令人目眩的現代體驗，唯有用「極度的擴展」與「極度的濃縮」兩種手法，前者「表現於喬也斯（Joyce）在《由力賽斯》中以二十五萬字的篇幅描寫一天平常生活」，而後者則以艾略特用「寥寥四百行反映整個現代文明」的〈荒原〉為代表。[67]這兩種手法是現代主義文學「新的綜合」傳統的例證，而這樣的綜合不僅著眼於現在、著力反映「現實世界的感覺思維」，更與過去、未來緊密聯接，把跨越各個時間維度的「歷史、記憶、知識、宗教」以及「眾生苦樂」、「個人愛憎」結合在一

---

[66] 同前注，第163頁。

[67] 王聖思編：《「九葉詩人」評論資料選》，上海：華東師範大學出版社，1995年，第21頁。

起。[68]袁可嘉的表述反映出他對於時間、歷史的思索以及對線性時間觀的反駁，強調過去、現在、未來之間的流動性與相互滲透。袁可嘉欣賞、推崇的艾略特在〈傳統與個人的才能〉一文中也表達了相似的觀點，在文中艾略特提出了他對於歷史意識的理解：

> ……歷史的意識又含有一種領悟，不但要理解過去的過去性，而且還要理解過去的現存性，歷史的意識不但使人寫作時有他自己那一代的背景，而且還要感到從荷馬以來歐洲整個的文學及其本國整個的文學有一個同時的存在，組成一個同時的局面。這個歷史的意識是對於永久的意識，也是對於暫時的意識，也是對於永久和暫時結合起來的意識。就是這個意識使一個作家成為傳統性的。同時也就是這個意識使一個作家最敏銳地意識到自己在時間中的地位，自己和當代的關係。[69]

艾略特在這裡提出的「歷史意識」反映的正是一種非線性的歷史觀，強調過去與現在的辯證關係以及他們的相互作用與滲透。[70]更重要的是，對於艾略特來說，過去是以一種完美的形式而存在的，是靈感的來源，因而詩人要認識到「過去因現在而改變正如現在為過去所指引」[71]，並

---

[68] 同前注。

[69] 艾略特：《傳統與個人才能——艾略特文集・論文》，卞之琳、李賦寧等譯，陸建德主編，上海：上海譯文出版社，2012年，第2-3頁。

[70] 對於艾略特的歷史觀，筆者認為與詹姆遜所稱的「存在歷史主義」（existential historicism）相近，是要否定線性的、進化論的歷史觀而強調一種近乎「超歷史的事件」，是通過現在的歷史學家的思維與過去某一共時的文化相接觸而產生的。詹姆遜提出存在歷史主義可以給所研究的對象極大的「審美體驗」，但同時也有理論上的缺陷，因為有時展現出的僅僅是實際經驗的羅列而缺乏整體性。筆者在此提到「存在歷史主義」，目的是要指出穆旦以及九葉詩派的歷史觀與此觀念在否定線性歷史、強調過於與現在的交集與相互作用方面的共同性。關於詹姆遜對「存在歷史主義」的闡述，請參閱Fredric Jameson: *The Ideologies of Theory: Essays, 1971-1986, Vol. 2 – Syntax of History*, Minneapolis: University of Minnesota Press, 1988.

[71] 艾略特：《傳統與個人才能——艾略特文集・論文》，卞之琳、李賦寧等譯，陸建德主編，上海：上海譯文出版社，2012年，第3頁。

在詩作中追求如他在〈四個四重奏〉中所寫的「時間有限與無限的交叉點」。[72]

以穆旦、袁可嘉為代表的九葉詩人在詩歌創作與理論方面受艾略特的影響頗深，但由於所處的時代與歷史背景的不同，他們對於時間的思考、歷史的反思與艾略特還是有很大的不同。儘管他們在作品與文論中也反映出與西方現代主義思潮相吻合的非線性時間觀念，但艾略特在他的詩作中希望把過去轉變成神話，創造一個「超越歷史的事件」（transhistorical event），以達到「超越有時限的現實而追求永恆」的目的[73]，而對於身處在戰亂中的中國，作為中國新詩的新生代的九葉詩人們，完全取消時間的限定，超越歷史、追求永恆卻並不可能。他們心系國家的命運，因而對於他們自己在時間、歷史中的位置與作用也特別關注。

〈中國新詩〉序言的開篇第一句就點出了他們強烈的時間意識：「我們面對著的是一個嚴肅的時辰。」[74]這個「嚴肅的時辰」處於過去與未來之間，是深深地植根於現在的時刻，但這「現在」的時刻卻是壓抑的，於是在穆旦的〈海戀〉中，我們看到這樣的詩句，「我們已為沉重的現實閉緊」，在壓制一切的殘酷的力量下，「比現實更真的夢，比水／更濕潤的思想，在這裡枯萎」[75]。現實之所以充滿痛苦往往是由於傳統在現實中的持續作用，因此過去與歷史在穆旦的詩歌中常常是現實痛苦的根源，在歷史的重壓下，詩人提出了他的〈控訴〉：「這是死。歷史的矛盾壓著我們，／平衡，毒戕我們每一個衝動。」[76]歷史是壓制我們的黑暗勢力，必須被摒棄、被拒絕。這裡所反映出來的反歷史、反傳統的思想可以追溯到五四時期，但五四文人對傳統的決絕

---

[72] 艾略特：《荒原——艾略特文集·詩歌》，湯永寬、裘小龍等譯，上海：上海譯文出版社，2012年，第266頁。

[73] Leung, Ping-kwan: *Aesthetic Oppositions: A Study of the Modernist Generation of Chinese Poets, 1936-1949.* Ph.D. dissertation, University of California, San Diego, 1984. pp.115-118

[74] 王聖思編：《「九葉詩人」評論資料選》，上海：華東師範大學出版社，1995年，第366頁。

[75] 穆旦：《穆旦詩全集》，李方編，北京：中國文學出版社，1996年，第186頁。

[76] 同前注，第133頁。

的否定是建立在線性歷史觀上的，有著強烈的與一切傳統決裂、以新代
舊的欲望[77]，而穆旦等九葉詩人卻清醒地意識到過去、現在、未來的同
時性與相互作用，因而他們對歷史也有更為複雜的態度。正如保羅・德
曼（Paul de Man）所說，現代性本身就是對歷史的否定，但於此同時，
要想真正地達到一個嶄新的起點，還必須瞭解與掌握歷史。[78]因此，在
另一些詩作中，歷史不再是壓制一切的殘酷力量。穆旦在〈森林之魅〉
中寫道，「沒有人知道歷史曾在此走過，／留下了英靈化入樹幹而滋
生。」[79]這裡歷史是滋潤萬物，孕育新生的力量。在〈飢餓的中國〉
裡，詩人更是把昨天、今天、明天這三個時間概念直接放入詩中，「昨
天」是過去，象徵著「理想」，「是田園的牧歌」，而「明天」是未
來，象徵著希望，因為「昨天」這「和春水一樣流暢的日子，就要流入
／意義重大的明天」[80]。可見，跟艾略特在〈荒原〉中把過去神話化，
希望以此來填補現實中精神世界的貧瘠不同，穆旦對於過去與歷史的看
法更為複雜，歷史既可以壓制現實又可能孕育未來，這種矛盾卻讓詩人
更堅定地關注於現在，立足「現在」以進一步思索時間、反思歷史。

　　穆旦詩作的「現在」是以非線性的時間概念出現的。「現在」因有
過去的持續作用而可能成為壓制、禁錮人類的力量，而這種壓制與禁錮
同時又使得與過去的決裂或向未來的進步變得困難重重，正如我們前文
提到的，「現在」暗示了時間的停滯，讓人們在現實中永遠掙扎於希望
與絕望之間。與此同時，「現在」又表現出與時間的割裂的特質，穆旦
在詩中寫道：「今天是脫線的風箏／在仰望中翻轉，我們把握已經無
用，／今天是混亂，瘋狂，自瀆，白白的死去──」[81]在這裡，時間斷

[77] Lee, Leo Ou-fan: *Modernity and Its Discontents: The Cultural Agenda of the May Fourth Movement*, see *Perspectives on Modern China: Four Anniversaries*. Kenneth Lieberthal, ed. New York: M. E. Sharpe, Inc., 1991, pp.158-159.

[78] De Man, Paul. Literary History and Literary Modernity, Blindness and Insight. Minneapolis: University of Minnesota Press, 1983: pp.142-165, 150.

[79] 穆旦.《穆旦詩全集》，李方編，北京：中國文學出版社，1996年，第214頁。

[80] 同前注，第231頁

[81] 同前注。

裂了，「現在」與過去與未來脫離，在「混亂」與「瘋狂」中失去了中心與方向。這讓我們不得不聯想到里爾克在〈旗手克裡斯多夫‧里爾克的愛與死之歌〉中所說的，「沒有昨日，沒有明日；因為時間已經崩潰了。他們從它的廢墟裡開花。」[82]這種「時間已經崩潰」的感覺在穆旦的〈玫瑰之歌〉中也能找到。這首詩分為三個部分，第一部分以充滿希望的口吻寫了「一個青年人站在現實和夢的橋樑上」希望「尋找異方的夢」，然而第二部分的標題提醒我們，「現實的洪流沖毀了橋樑，他躲在真空裡」。正是因為感受到時間的崩潰，現實才變得如真空一般，「什麼都顯然褪色了，一切是病懨而虛空，，／……當我想著回憶將是一片空白，對著爐火，感不到一點溫熱。」[83]一切都是虛空，連記憶都將是空白，人所能感受到的正是里爾克所謂的時間的崩潰，「沒有昨日」也「沒有明日」。

這種對時間的斷裂、崩塌的感覺讓大多數的九葉詩人在詩作中表達出對現在的關注、對未來歷史進步的渴望，而唐祈的〈時間與旗〉說出了他們的心聲：「過去的時間留在這裡，這裡／不完全是過去，現在也在內膨脹，／又常是將來，包容了一切。」[84]「現在」在詩中與過去、將來同時存在，一方面從過去的廢墟中開出花來，另一方面又孕育著將來的進步，是一個真正的有轉變性的時刻，而這一時刻在唐祈的詩的最後空間化成一面「人民的旗」，預示歷史的進步、人民的勝利。

在穆旦的詩中，詩人有時也表露出對未來的希冀，如在〈玫瑰之歌〉的第三部分，穆旦發出了這樣的呼喊：「突進！因為我看見一片新綠從大地的舊根裡熊熊燃燒，／我要趕到車站搭1940年的車開向最熾熱的熔爐裡」，因為他看到「一顆冬日的種子期待著新生。」[85]用「一片新綠」、「冬日的種子」等意象以及「突進！」的呼喊，穆旦表現出對

---

[82] Rilke, R. M: *The Lay of the Love and Death of Cornet Christophe Rilke*, Translated by M. D. Herter Norton. New York: W. W. Norton & Company, Inc., 1959, P.55.

[83] 同前註，第68-69頁。

[84] 唐祈：〈時間與旗〉，載於《九葉之樹常青：「九葉詩人」作品選》，王聖思編，上海：華東師範大學出版社，1994年，第237頁。

[85] 穆旦：《穆旦詩全集》，李方編，北京：中國文學出版社，1996年，第70頁。

變化的美好期許，然而第三部分以疑問句式「新鮮的空氣透進來了，他會健康起來嗎」做標題，以替代常用的肯定句式，讓我們又看到了作者對進步與變化的懷疑。

在他的長詩〈隱現〉中，穆旦也運用了種子的意象，然而這裡的種子已不再「期待著新生」。穆旦寫道：「生活變為爭取生活，我們一生永遠在準備而沒有生活，／三千年的豐富枯死在種子裡面而我們是在繼續……」[86]「種子」在這首詩中沒有任何生長的跡象，有的只是枯死與毀滅。三千年，年復一年，我們如同這從不生長的種子一樣，永遠處於準備的過程卻永遠無法真正地掌握生活，讓我們覺得「生活著卻沒有中心」，我們永遠被禁錮著並在禁錮中迷失，如詩的開頭所寫，「現在，一天又一天，一夜又一夜，／我們來自一段完全失迷的路途上，／……. 說不出名字，我們說我們是來自一段時間，／一串錯綜而零亂的，枯乾的幻想。」[87]時間在詩中被空間化、比喻成一段路途，而這段路途是迷失的，充滿「錯綜而零亂的，枯乾的幻想」，而我們在路上的經歷則是充滿了矛盾的體驗，「有一時候相聚，有一時候離散，／有一時候欺人，有一時候自欺，／……有一時候相信，有一時候絕望「，於是詩人指出「我們擺動於時間的兩級，／但我們說，我們是向著前面進行。」[88]「向著前面進行」這種歷史進化論般的思想在這兒被詩人視作是我們幼稚的、一廂情願的看法，詩人繼續寫道：

> 那曾經有過的將會再有，那曾經失去的將再被失去，
> 我們的心不斷地擴張，我們的心不斷地退縮，
> 我們將終止於我們的起始。[89]

---

[86] 同前注，第243頁。

[87] 同前注，第234頁。

[88] 穆旦：《穆旦詩全集》，李方編，北京：中國文學出版社，1996年，234-235頁。

[89] 第236頁

　　在穆旦看來，歷史的進程並非直線向前，而是一個循環的過程，是缺乏變化和進步的，如詩中所說「我們終將止於我們的起始」。在〈裂紋〉中，穆旦進一步強調了進步的不可能性：「四壁是傳統，是有力的／白天，扶持一切它勝利的習慣。／新生的希望被壓制，被扭轉，等粉碎了他才能安全」。[90] 傳統被比喻成可怕的圍牆，把所有的人牢牢地困住於「現在」，而這是在「時間的兩級」的中點、在「過去和未來兩大黑暗間」[91] 的現在，無論是「年輕的」還是「年老的」都無法逃脫現實中傳統的力量，只有任由希望被碾碎而看不到任何進步的可能，因為「那改變明天的已為今天所改變」。[92] 在〈詩四首〉的第一首中，穆旦開篇便呼喊「迎接新的世紀來臨！」，但又馬上在接下來的詩句中否定了這一句暗含的希望，並用「一雙遺傳的手」的意象作比，來點明人類文明與歷史的代代相傳，歷史成為這一雙手所畫出的圖案，裡面只有「那永不移動地反復殘殺，理想的／誕生的死亡。」[93] 人類歷史充滿了殺戮、矛盾和絕望，卻在一代又一代中循環、重複著同樣的軌跡，暴力成為了人類歷史中「反復無終的終極」。[94]

　　面對現實的禁錮與歷史的反復，穆旦似乎找到了上帝作為可以依靠的精神力量，在〈隱現〉中穆旦是這樣提到上帝的：「這一切把我們推到相反的極端，我們應該／忽然轉身，看見你／……請你舒平，這裡是我們枯竭的眾心／請你揉合，／主呵，生命的源泉，讓我們聽見你流動的聲音。」[95] 在詩中，上帝是救世主，是帶領我們掙脫這永久現實的禁錮的主。對於深受艾略特影響的穆旦來說，在詩作中提到上帝並不奇怪，因為宗教的力量也是艾略特在〈荒原〉中特別關注的，但穆旦對於上帝的態度卻是有所保留的，因為這關係到中國文人一貫面對的兩種人生態度間的選擇，即選擇出世還是入世。如果把一切寄託於上帝，那麼

---

[90]　同前注，第170頁。
[91]　同前注，第228頁。
[92]　同前注，第170頁。
[93]　同前注，第269頁。
[94]　同前注，第246頁。
[95]　同前注，第244頁

便是以出世的態度把自己與現實分隔開來，但穆旦卻要入世，要與現實以及他周圍人民的疾苦緊密相連。[96]

　　既然把一切寄託上帝並不是可取之法，那麼在不斷重複循環的黑暗現實和歷史廢墟中思索個人與國家境遇的穆旦便必須做出一個決定，而他做決定時所處的情境與尼采在《快樂的科學》中描述的關於「最大的重負」的故事十分相近。尼采假設如果一個惡魔在你最寂寞的寂寞中跟你說：「這人生，如你現在這樣的生活和曾經生活過的，你將再經歷一次，並無數次地經歷它；其中沒有一件事是新的，但每個痛苦和每個快樂，每個思想和每個歎息，以及你生命中無法言說的一切渺小和偉大的事物，都將再次發生在你身上，而且以相同的順序和排列發生——甚至這蜘蛛，這林間的月光，這一刻和我自己。人生存的永恆的沙漏將無盡地翻轉，而你這微塵也將隨之而動！」那麼人會有什麼樣的反應呢？是會詛咒惡魔還是接受這永恆的輪回？[97]尼采把這個「永恆輪回」的想法作為一個「是／還是」（either/or）的問題提出，是對人的生存態度的一個測試，而尼采所推崇的當然是肯定的態度，要求對人生的一切接受與肯定，即使是最艱難的部分。

　　穆旦所面臨的也是一個相似的問題。當暴力成為人類文明的代名詞，蔓延到現實的各個角落，當人被困於痛苦、黑暗的現實，循環往復卻毫無出路，人們該作何反應？是痛苦絕望還是接受與肯定現實的一切？穆旦的抉擇與尼采一樣，都相信肯定的人生態度。尼采宣告「上帝死了」，他提出「永恆輪回」是要人們把注意力轉向現在和當下而不是幻想上帝的天堂，他更提出「愛命運」（amor fati）這一命題，要求人們能勇於接受現實生活的一切。「愛命運」並不代表完全接受宿命，而是暗示著與命運作抗爭的力量，因此「愛命運」也是熱愛與命運抗爭的機會與結果。[98]穆旦抱著相同的想法，寫下了前文提到的勇敢地直面

---

[96] 蔣登科：《九葉詩人論稿》，重慶：西南大學出版社，2006年，第268-269頁。

[97] Nietzsche, Friedrich. Nietzsche: *The Gay Science*. Bernard Williams ed. and translated by Josefine Nauckhoff. Cambridge: Cambridge University Press, 2001. pp.194-195

[98] Thiele, Leslie Paul. *Friedrich Nietzsche and the Politics of the Soul: A Study of Heroic Individualism*, Princeton: Princeton University Press, 1990. P.199.

「荒原」、直面命運的詩句「……走去／向著一片荒涼，和悲劇的命運！」在植根社會現實的〈活下去〉中，穆旦表現出同樣堅定的信念：「活下去，在這片危險的土地上，／活在成群死亡的降臨中」，因為只有堅持在「無盡的波濤的淹沒中」活下去，才有可能在黑夜中「孕育難產的聖潔的感情。」[99]深感國家危亡與時代的召喚，與尼采那樣從哲學高度去思索人生、肯定人生不同，穆旦的思想與中國四十年代的社會、政治現實息息相關，因此與命運抗爭的態度，特別是要衝破這黑暗現實的無限輪回的決心也更為堅定。在〈打出去〉中，詩人明確地表現了衝破現實禁錮的決心：「現在，一個清晰的理想呼求出生，／最大的阻礙：要把你們擊倒，／……最後的清算，就站在你們面前。」[100]最能體現穆旦的循環的時間與歷史觀念以及對於打破循環的希冀的是〈被圍者〉，在詩中，時間背離了我們的意願，形成一個永恆的圓把我們困住：

> 一個圓，多少年的人工，
> 我們的絕望將使它完整。
> 毀壞它，朋友！讓我們自己
> 就是它的殘缺，比平庸更壞：
> 閃電和雨，新的氣溫和泥土
> 才會來騷擾，也許更寒冷，
> 因為我們已是被圍的一群，
> 我們消失，乃有一片「無人地帶」。[101]

把我們圍住的時間與歷史的圓，在穆旦看來，最終是我們自己的傑作。當我們放棄希望，停止鬥爭，讓絕望佔領，這個圓才變得完整。正如詩人在〈裂紋〉中寫的，當「年輕的學得聰明，年老的／因此也繼續他們

---

[99] 穆旦：《穆旦詩全集》，李方編，北京：中國文學出版社，1996年，第172-173頁。
[100] 同前注，第204頁。
[101] 同前注，第179頁。

的愚蠢」[102]時，這種缺乏跟現實作鬥爭的勇氣、軟弱地接受現實的態度才讓圍困我們的圓更為堅固。因此，隨著「毀壞它，朋友！」的吶喊，穆旦鼓勵大家行動起來，而這行動是建立在肯定人生、摒棄絕望的基礎上的。與此同時，要想真正沖出重圍，成為這個圓的殘缺，人們必須首先接受「永恆輪迴」這樣的觀念，因為夢想一定會被碾碎，而我們不是回到黑暗的深淵就是處在崩潰的峰頂，只有在反復鬥爭，反復失敗，再反復鬥爭中，只有當我們經歷無數次失敗、甚至死亡，卻依舊堅持的時候，這個圓才有可能被破壞。我們這「被圍的一群」，只有在肯定我們的囚禁後才能衝破這個牢籠，這個肯定和與之相應的無限循環的、不懈的鬥爭讓我們真正地感受到現實生活的真諦，即生活充滿了「豐富，和豐富的痛苦」[103]，而「現在」就好像羅馬神話中的雙面神雅努斯那樣，一面對著過去，一面望著將來，是一個承載過去又孕育將來的轉折的時刻。擁抱現在，擁抱這「豐富，和豐富的痛苦」，才能看到「光明要從黑暗站出來」[104]，才能真正擁抱現在並改變未來。

---

[102] 同前注，第170頁。
[103] 同前注，第151頁。
[104] 同前注，第256頁。

藝
術

魔鬼、敵人與聖靈：作為文化全球化產物與投射的中國當代藝術[1]

拉法爾‧班卡（Rafal Banka）
波蘭雅蓋隆大學文明比較研究系專任副教授

譯者　何金俐
美國三一大學現代語言文學系專任副教授

導言

　　當代文化並非一特定靜態研究客體，需結合其不同階段及各個組成部分進行文化反思。此點可用政治哲學家福山的一個理論來說明：福山認為，當下的悲觀主義肇端於二十世紀前半的政治與理性危機，體現於前此種種意識形態戰爭中，並似乎將走向終結[2]。福山的觀點化用了黑格爾的歷史觀，以實現自己為全球政治體系發展制定方向的需要。儘管福山承認，黑格爾本人並非民主與自由的宣導者，但黑格爾理想的政治機構模式卻體現了自由觀念。除此之外，黑格爾的觀點亦與公民社會，以及國家掌控之外的人類經濟－政治活動相一致[3]。將此觀念運用於政治哲學中，即政治變化的方向體現於社會領域的民主化與生活自由化。福山理解的自由，是於生活領域中，將個人從不必要的政府干涉中解放出來。因為這與個體理念與個體獨特性相關。至於民主，則必須被理解

---

[1]　該文最初以波蘭文發表於Anna I. Wójcik, Piotr Mróz, Małgorzata Ruchel主編《全球化進程中的東方文化》，*Kultury Wschodu w świecie procesów globalizacyjnych*〔Eastern Cultures in the World of Globalisation Processes〕，Kraków: Libron, pp. 171-194）.

[2]　FUKUYAMA Francis: *The End of History and the Last Man*, New York: Free Press & Toronto: Maxwell Macmillan Canada, 1992, p8.

[3]　同前注，pp60-61.

為「全體公民有共用政治權力的權利，亦即，全體公民有投票與參與政治的權利。」[4]福山認為，分析一下近四百年的歷史即可結論出：國家政治發展的趨向與現實是對以上趨勢的化合——即自由式民主[5]。

以上觀點亦應適用於中國社會，因為根據福山理論，各國皆追求自由式民主。那麼，就此引出的問題是：此軌道中，中國位置何在？若言中國處身此軌道內，當然可以中國自由市場政策以及加入了全球經濟圈佐證。然而，這並不足以宣稱中國是一個尋求自由式民主的政體；進一步說，如果確是如此，那麼，多大程度上，中國可以實現自由式民主？福山自己亦注意到，相反的論證，即不分文化環境強調國家統一向自由式民主發展，會被指謫為民族中心主義——更確切而言，即可質問，為何歐美模式就應被視為唯一正確的體制，非西方國家皆必須向著自由民主化發？[6]此批評似乎有充分根據，因為，就根本而言，所謂發展方向及歷史終結僅是某特定地域文化產物。此點還可輔證於其他論證：即，就算我們同意自由式民主為一種有吸引力的地域文化產物，可贏取不同文明的擁護採用；但我們仍然不知在有迥異「思想」史的其他文化語境中其適應潛力。

如若暫時擱置福山對歷史終結的評定，或採取某種更謙遜的方式看待政治制度發展方向，專注於事實，我們可以說，中國在有意識地發展自由市場經濟。該狀況亦與此一事實相關聯：即，自鄧小平七〇年代末復出後，政治上的意識形態導向已為經濟導向所取代。福山的觀點是，文化大革命之後的中國經歷了某種從極權主義政體（totalitarian）向專制主義（authoritarian）政體的轉化，這使之具備了成為自由式民主政體的潛能。[7]與政治哲學轉化的重要性相並行的是，此亦使文化從極權指令中解放出來。毛澤東時代的中國，就文化而言，亟需實現馬克思主義美學，但當時實現馬克思主義美學亦即表達革命意識形態。

---

[4] 同前注，p43.
[5] 同前注，p48.
[6] 同前注，p69.
[7] 福山認為，極權主義體制是絕對不可改變或改革的（同前注，p9）。與之相反，專制主義政體則可轉化成民主政體。

　　退出意識形態第一的思想，自然即意味著摒棄中央掌控的美學。所謂中央掌控的美學指其紀念碑式導向——意在表達共產主義社會目標，與此同時抹殺個人主義方面。八〇年代發生了飛速的質變，這被描述為「美學熱」。美學開始從政治機構中解放出來可以從兩個層面表述。首先，社會現實主義的單一話語為審美多樣主義所取代。例如，種種不同藝術形式的出現——有對禪宗美學的認同，亦有受西方藝術潮流的影響，以及藝術家追求完全新鮮藝術形態的活動等等。[8]這導致了共產主義中國美學大敘事的最後崩裂。

　　當代中國美學多樣性可被描述為與紀念碑性的脫離，同時將興趣轉移到其他方麵包括日常工作範圍，這造就了後革命美學的另一重要特徵。可以反諷地說，美學多元化其實觸及到人民大眾。這意味著美學重估不只為藝術所獨有，且亦環繞日常生活。多元化滲透到社會進程動態中。我們甚至可大膽說，跟過去革命美學政令相比，日常生活審美已成為中國人審美生活中一個更靈敏的表徵。需要強調的是，日常生活美學相對於藝術事件來說並非某種邊緣現象。脫離革命禁欲主義的限制，接踵而來的是前此被集體主義壓制的個體表達多樣性[9]。因此，日常生活領域的美學多元化是社會反應的一個結果，與藝術領域內部生發的反思無關。

　　我們同時亦應意識到後革命中國社會發生的並聯過程。中央計劃經濟到自由市場經濟的轉化不僅產生了私人企業，亦產生了消費主義社會，其特有消費主義精神在於將自身混同它者滲入到文化中。就文化貢獻的觀念而言，就是逐漸同時加速了高級文化與低級文化的溶合，其結果就是，比如，改編自古典文學的商業電影產品。

　　克服美學單一指令以及商業化進程帶來此問題：即中國文化是否亦類似於西方社會進入了後現代？社會文化學者的答案大體是肯定的。然而，必須注意到其中的差異：即如何理解中國式後現代，或者是什麼決

8　高名潞將後者描述為先鋒派（2011: 4-5）。
9　LI Zehou, Trans by J. Clauvel: *Four Essays on Aesthetics*, Lexington: Lexington Books, 2006, pp23-24.

定了其不可被簡單認定為西方後現代模式的變體？

根據王寧的說法，中國後現代自身表現於三個層面：後結構主義話語，抵禦現代性，以及消費主義文化[10]。這可以說明，中國文化至少於某個階段已足以被描述為超越了現代與意識形態話語，同時實現了某些文化領域的商業化。王寧認為後者是確定的。在他看來，進入社會主義市場經濟主要反映在所謂精英文化上，其不同樣態的成功接受著新文化景觀的挑戰。另一方面，典型現代主義文化經典的弱化，導致了尤其是文學藝術領域的解構[11]。

劉康展示了比王寧更溫和的觀點，他認為儘管中國接受了後現代影響，但我們不能說其已完全受制於後現代。就此，他提出了關於政治學的某種三位觀，即從經濟、意識形態與後政治學[12]三個角度看待此問題。劉康的三位元觀不僅顯示了後現代工程發展方向的非同一性，且亦表明此事實：即，全球後現代工程仍有待完成（若我們假定其有一終極目標）。正如劉康文末所言，革命意識形態及其不完善之間的緊張關係設定了其急塑其象徵性資本的態勢[13]。然而，我們必須記住，提升文化資本並不必然建構某種現代主義工程。假設當下政權自我認同於所選擇的意識形態，而恰恰正是該政權亦於意識形態意義上推廣外國自由市場經濟、商業化甚或消費主義。這就導致某種不一致。正如Leslie Holmes所言，中國政府踐行某種幸福體制（eudaemonic system）[14]，其在確保社會穩定的同時亦保證穩固的政權，不管與官方檔一致與否。就此而言，意識形態論爭或可被視為盤旋於資本主義地基之上的某種媒體景觀。儘管如此，似乎仍然不可能摒除此事實：即政府建構了某種穩定的專制體

---

[10] WANG Ning: "The Mapping of Chinese Postmodernity", in *Postmodernism & China*, A. Dirlik, X. Zhang (eds.), Durham and London: Duke University Press, 2000, p 25.

[11] 同前注，p 27.

[12] LIU KANG: "Popular Culture and the Culture of the Masses in Contemporary China", in *Postmodernism & China*, A. Dirlik, X. Zhang (eds.), Durham and London: Duke University Press, 2000, p 126.

[13] 同前注，p130.

[14] HOLMES Leslie: *Post-Communism. An Introduction*, Durham: Duke University Press, 1997, p120.

制，據此，現行體制尚不能被貼上後政治學標籤。

亦值得注意的是，中國後現代文化最明顯體現於反諷與實驗主義上，其不僅成功模糊了傳統中國文化敘事，同時亦模糊了直接承接當代性之前及同期的文化敘事。此狀況亦可參照政治領域。傳統（最強有力的代表乃儒家文化）與馬克思主義作為兩種起重大敘事作用的意識形態[15]，不僅要面對後現代「異體」，亦需面對彼此。此兩種意識形態皆極力強加自我範式，但實踐中結果卻是彼此雜合。我們尤可將之視為某種源自儒家政治哲學的政體矩陣，其宣導極權式權威與精英制度。儘管事實上亦出現了種種對立的政治選擇，但似乎中國的後政治學仍然是一正在進行的工程，而非現狀。

對中國後現代狀況最成熟的分析當屬魯曉鵬〈全球「後」現「代」：知識份子、藝術家與中國狀況〉（「Global POSTmoderniZATION: the Intellectual, the Artist, and China's Condition」）。魯曉鵬認為，中國後現代性與其西方版本有不同範疇。首先，中國後現代性因與未完成的現代性工程相重合，所以打破了歐美年系。據魯曉鵬說法，暫時的錯位不應使後現代的地位遭受質疑，恰恰相反，這使之比西方按年序發展的後現代更具充裕的多樣性[16]。就政治領域而言，中國意識形態與資本主義自由市場經濟有分歧，但與此同時，此二元對立卻並不掌控超越政治與意識形態的日常工作生活[17]。該論證表明，某種程度上，遲滯的政治權威領域與投身於成熟且瀕臨超前消費的社會共存。

可以說，魯曉鵬的解析將未完成的過去與於當下現實背景下開始的未來並置，藉此，現代主義與年系性後現代工程皆一併為「有中國特色

---

[15] 應謹記的是，儒家帝制時代一直有久遠的體制化歷史 。以科舉為例，應考者應試必修四書（指《論語》、《孟子》、《大學》、《中庸》四書，由宋代理學家朱熹（1130-1200）編纂）。亦即，成為中國行政政體的一分子，必然要熟諳儒家經典。

[16] LU Sheldon Xiaopeng, "Global POSTmoderniZATION: the Intellectual, the Artist, and China's Condition", in *Postmodernism & China*, A. Dirlik, X. Zhang (eds.), Durham and London: Duke University Press, 2000, p 160.

[17] 同前注，p 67.

的後現代性」所囊括。與劉康與王寧不同，魯曉鵬認為，當下種種事態已預示了中國後現代性。儘管魯曉鵬亦知道，一些秉承1919年五四精神的當代中國知識份子提出不同方案，希望繼續現代主義工程[18]，但似乎此類方案不太可能具備重新界定當下話語的能力。

以上對中國後現代狀況的說明使我們可就當代中國藝術提出一些假設。首先，由於超越了前此種種敘事，中國當代藝術成為全球藝術流通的一部分，而這不僅僅是西方藝術影響的結果。其次，我們應能覺察出其在未完成的現代主義工程形態下的暫時錯位。

中國大地上現代性與後現代性的同時發生可被視為文化領域全球化進程中的某種變體。中國未完成的現代主義工程是意識形態，其凝固狀態近於專制獨裁，或至少是對某些生活領域的極權控制，儘管算是意外發生於不同的社會基礎之上，但其仍可被視作前此政治敘事的延續。這使得當下意識形態成為一種參與主導的全球化過程的自成一格的當地文化建構。按照Arjun Appadurai的說法，全球化不是全部都成為某種特定文化範式（例如，美國化）或文化中立狀態，而是某種地方化進程[19]。與此相關聯，地方性最終不是被抹殺而是成為影響全球化進程的某種成分。此種情況下，現代主義工程的參與決定了全球化的中國文化織體的性質。為更清晰地說明此點，我必須指出，如此描述現代性成分是因為其歷史，而非其實際地位——即經由成為後現代文化織體一個不可分割的部分，這些現代性成分的較早身分逐漸脫離了現代主義實質，就此，便起到影響全球化進程的地方性貢獻的作用。然而，上述未完成的現代主義與後現代主義事業的衝突可通過前者的密集在場（相較於西方後現代性）作出解釋，這就留下了其確實是未完成的印象。儘管如此，似乎因為作用於後現代全球化「秩序」內部，這些現代性成分又相當於某種想像。

以下，我將擇取一些表達全球化與此同時又特別關注地方性成分的

---

[18] 同前注，p 67.

[19] App.DURAI Arjun: *Modernity at Large. Cultural Dimensions of Globalization*, Minneapolis: University of Minnesota Press, 2005, p17.

當代藝術作品進行討論，以便評估該進程的中國特質。我的討論一方面
專注於該進程的中國特色，另一方面亦嘗試評估其先進性。

意識形態鏟平：王廣義的政治波普

　　首先值得一提的一個例子是政治波普，因爲它結合了現代主義工程
與後現代藝術。儘管該現象成形於八○年代末，但之前就有藝術家創作
過此類藝術作品。政治波普藝術家包括諸如王廣義（1957-），盛奇、
任戩、李山等。王廣義是最重要的一位。王廣義並非僅僅靠其作品確定
了政治波普的方向。他於1988年在現代藝術研討會上發表自己的藝術宣
言。其中，王廣義既批判馬克思主義藝術亦批評同時代的先鋒藝術，他
認爲後者就是烏托邦。王廣義摒棄藝術的人道主義風貌，宣稱藝術活動
就是爲了追名逐利[20]。藝術免除了對人道主義或形而上學價值的宣傳，
轉而爲獲取消費領域的利益，這表明八○年代末出現了某種強大的價值
重估。這不僅在於使藝術脫離了意義建構，而且賦予其某種遊戲地位，
使之更屬於後現代理念。

　　王廣義最有代表性同時亦最廣爲人知的是他的系列油畫作品《大批
判》（1990-2007）。《大批判》這個名字意指中國文化大革命期間對
對抗社會主義行爲的批判。該作品反諷地處理了該階段的社會主義宣傳
理念，如《大批判－可口可樂》（1991）中的工人形象是某種典型中國
及蘇聯風格宣傳畫形象。這幅作品引入的「波普」成分是右下角的可口
可樂商標──流行文化的泛文化飲料標識。該系列的另一作品是《香奈
兒5號》（1993）。該作品中，與香水廣告商標同時出現的是並列兩行
行敬手禮的四個人，他們手中拿著的香水瓶子，恰似當年紅衛兵中流行
的具有聖經地位寫滿毛澤東語錄的紅寶書。不難猜測，其意圖在於表達
這兩者──商業廣告與政治宣傳，皆操縱人的生活。但是，這些作品有
意思的是組合了商業廣告與政治宣傳理念，即商業與政治策略。除了意

---

[20]　GAO Minglu: *Total Avant-Garde in Twentieth-Century Chinese Art,* Cambridge: The MIT Press, 2011, p256

識形態與消費類比性地並置之外，亦值得將這些作品視作兩種秩序的對抗，其中，贏家是後現代商業流行文化，其征服了大意識形態敘事並將之轉換成類似於達到促銷目的的廣告策略遊戲。

商業化這一事實，亦可佐證於王廣義作品超越藝術功能的另一方面，即藝術市場上其作品被高價售出。[21]此不僅從藝術作品創造，同時亦從其在藝術世界的操作上，實現了王廣義當初的宣言。整體而言，《大批判》這個系列作品的商品化恰匹配於藝術家的意圖。這顯示了藝術作品的新地位，結果就是，其重心從藝術性轉移到了商業性。

與此同時，《大批判》是全球流通中藝術運作的一個例子。王廣義的作品不僅結合了如社會現實主義蘇聯藝術，同時亦直接影射波普藝術以及美國藝術家安迪沃霍爾的理念。這可被諸如《金寶湯》這樣的作品證明，其照抄了沃霍爾最有名的作品。這說明王廣義秉承的是超越了精英－大眾區分的藝術的影響。我們不應忽視王廣義在全球藝術市場強有力的地位，這恰證明他獲得了全球商業流通的認可。

《大批判》與地方性的關聯是文化大革命前後的中國性政治宣傳。王廣義作品中，這些政治宣傳完全根絕了推廣革命價值的美學，而成為立基於符號相互作用的新美學一部分。這部系列作品中，符號似乎單只於隱喻層面操作，由此，作品機能得以在一個新的美學維度上實現。

符號解構：徐冰

徐冰（1955- ）的藝術可被定性為傳統與當代種種因素的複雜性關係。若從美學與藝術轉化的棱鏡來看，藝術家的經歷亦可分成幾個歷史時期：徐冰出生於知識份子家庭。文化大革命中被下放到農村。1980年代是參與「美學熱」的活躍分子。後移居美國。然後歸國——所有這些經歷都塑造了徐冰非常個人化的藝術方式，而其藝術媒介就是漢字。

---

[21] 例如，王廣義《金寶湯》（*Cambell Soup*，1990）賣出了二十多萬美元（Ravenel 2014），見RAVENEL International Art Group, [online] http://www.ravenelart.com/artwork.php?id=1444&lan=en [viewed: 29.11.2014]。

　　徐冰自兒童時期就表現出對漢字表達與溝通潛能的興趣。與大多數用漢字做藝術的中國藝術家不同，徐冰創作主要使用印刷文字，而非書法。儘管如此，他的藝術作品若從時間角度來看的話，還是相當多樣的。

　　《新英文書法》（1994）這個作品脫胎於藝術家對英文的興趣。[22] 該作品結合了裝置與互動藝術。徐冰於展覽空間中創設了一個教室，其中，參觀者可用特定的課本學習新書法的書寫。他們會體驗類似於中國小學生模版習字的那種訓練。儘管這些學書的字跟漢字很相像，但是它們卻是一群羅馬字母組合的英文句子。

　　書法於中國被視為最重要的藝術形式。當代藝術家邱志傑甚至說書法是中國藝術的核，其他藝術樣式，比如音樂或繪畫乃不過其變體[23]。習書，可被描述為一種情感層面的傳送，即作品創造的時刻亦是藝術家內在情感狀態的紀錄。藉由自由的線條筆法，書法的媒介傾向於情感表達，書法作品於書寫與文字語意層面表現內容恰相切合時達致完善。該和諧於《新英文書法》中被打破了——漢字的編排方式被專門用於英文書寫，不是語言變換打破了它——書法感在使用日語語言時還是存留的。然而，徐冰的作品採用的是於英文抽象表音系統中運用中文圖式表意書寫，這就同時扭曲了原本漢字的形象性。留給中國書法的就只剩下某種裝飾作用，而非藝術表達媒介。這種操作結果是對一種傳統藝術形式的解構，體現於《新英文書法》中就成了作用於「全球化」構造的一個成分。

　　另一個以書寫為媒介的作品是《地書》（2003-）。《地書》是一連續性互動項目。它主要由一種可置入任何語言的網上「交談類」交流軟體組成，其被轉化成某種由英語句法規定的圖像符號。符號圖像被刻意設計成至少有可能滲透某種具體文化語境的方式，藉此，兩個來自不同文明沒有共同語言的軟體運用者皆會毫不費力地從其電腦螢幕上讀這

[22] 徐冰另一作品《ABC》則採用的是英文的語音層面。
[23] SANS Jerôme: *China Talks. Interviews with 32 Contemporary Artists by Jérôme Sans,* Hong Kong: Timezone 8, 2009, p57.

些符號語言。該作品可被解釋為一種建立文化間溝通的企圖。然而,同樣具有合理性的解釋是,徐冰的作品是關於泛文化交流,其超越地方文化互動交流之上。新的軟體生產的目的語言似乎證明此點:因為它於圖像再現的層面,消泯了地方文化的參與。另外,文本交流並不涉及語音層面。符號的圖像特徵成功地剔除了所有語音成分,因此,句法可被視為乃僅有的地方性殘存。

徐冰作品實施的是語言全球化。類似於同樣類型的其他程式,新語言並非源自某種線性轉化方式,而是脫胎於消除族類語言交流的某種泛系統。地方性成分,儘管不可或缺於全球對話的開展,卻變成其材料,同時亦丟失了其身分。《地書》不僅關涉語言中內在身分,且作為一互動性作品,其中的溝通者們是不可分離的。語言常常代表文化獨特性,該獨特性是由參與某種特定語言社群來表徵的。然而,於泛文化層面,儘管輸入某種既定語言,但泛文化層面的表達不可被標示為確認某種與地方文化關聯的語言行為。全球對話隨之生髮的民族語言表達,必然被捲入並共同建構超越一般語言間交流的話語。資訊,儘管從發出者的角度來說是地方性的,但通過參與轉譯到泛文化文本,消解了自身的原身分,這不可避免導致「後地方性」(post-local)交流。

作為產物的藝術創造過程:Madein與艾未未

當我們看王度(1956-)《國際速食》(International Kebab)(2008)這部作品時,無疑會認為該作品的靈感與主題皆來自全球化影響。這部作品為一巨大裝置藝術:一個垂直類似烤肉串杆的杆子上串滿了各式各樣的圖片。對串杆進行平行切割會產生圖片碎片。圖片上的內容雜合一起,新組合的隨意性並不為被切掉的碎片與被反諷性地訂於kebab架子上的圖片提供任何意義創造的答案。對全球化的評估直接創生於展廳內的作品中。

但是,全球化對藝術的影響力,並不必然只體現於最後成品上,即藝術作品或藝術現象中。很多情況下,藝術家創作作品並不選擇全球化

問題；而呈現於觀者面前的作品亦非地方化的，但地方化卻體現於作品成形的創造過程中。以此種方式創造藝術的例子乃徐震（1977-）創建的藝術群體公司－MadeIn。

　　MadeIn這個名字乃一最明顯提示，就是Made in China中國製造產品上的標識。這就表明其活動過程與批量生產而非藝術創造相關，尤其與個體單獨藝術創造無關。但是，徐震的團體在藝術界很活躍，同時亦是製造公司的結構，其中，藝術家不僅是設計者，亦是網頁管理者。正如作為MadeIn公司創建者的徐震所言，公司結構內部的合作等等是靠比個體創造更多樣性的產出前景以及通過群體工作帶來的發展可能性來激勵的。[24]

　　在接受Jerome Sans的採訪中，徐震解釋說用團體公司的名稱取代他自己的名字在藝術活動中不特別普遍，但他堅持認為，藝術家在此種情況下並不認為有丟掉自己個體性的危險，恰恰相反，群體牌子提供更多自由，包括做一些個人本身並不喜歡東西的機會。這樣，徐震的個體身分在MadeIn中就融合了，因此，群體產品就不能直接歸屬他個人[25]。此種情況下，創造過程並不在於完成某個體項目，即不能從個體藝術家的資訊或表達的意義上來看待作品。由於個體匿名而運用集體名稱，藝術過程就更多導向發展出某種好賣的藝術品牌，其內部組織與形象方面強烈顯示MadeIn與商業公司的匯合點。從此角度看，MadeIn儘管處理的是藝術，但卻從其特有的藝術領域轉移到商業領域。個人主體藝術創造消融於公司結構中，至少部分上承襲了公司工作策略，這必然導致創造過程以及藝術家作為一類通常不懂日常事務非凡個體的傳統認識的解體。從更大視野來看，於公司框架上建構藝術意味著接受藝術思想之外的市場規則。

　　儘管如此，群體創作也不能絕對意味著就完全成了一個商業團體。正如徐震所言，建立MadeIn是某種結合藝術與商業活動的企業謀劃，但

---

[24]　同前注，p110.

[25]　同前注，p111.

並非就摒棄了藝術[26]。

就創造過程來說，當代中國藝術舞臺一個有意思的現象就是艾未未（1957-）的《葵花籽》裝置（2010）。該作品由十億個真實大小手工做的瓷葵花籽構成，是艾未未在歷史著名瓷都江西景德鎮雇人做的。該作品探討超量葵花籽[27]與事實上每一個皆乃手工製成之間的張力關係。這麼大數量的瓜子有批量生產的意味，而它們每一個又都是手工製作這一事實相反會讓人意識到與個體創造的關聯。在此方面，《葵花籽》這個作品展示，我們經驗中的客體呈現的是一種數量上的轟炸感，與此同時消泯了個體葵花籽的獨特性。在此意義上，我們體驗的是極度個體貢獻，這必然暗指中國的批量生產。但是，該裝置藝術最重要的關專注點在於創造過程而非終極產品。該作品一個重要的方面是其生產方式。生產這些瓷葵花籽涉及一千六百多位手工藝人兩年半的巨大勞動[28]。這明顯指涉全球經濟，其中，中國是作為最具成本競爭力的製造商而參與進來的。因為將注意力集中於生產過程上，該裝置突出了建構全球經濟的廉價工人的問題。景德鎮作為「地方性」，被捲入「批量」生產，它以此種方式加入全球經濟也就失去了自身作為傳統瓷都的地位。

別樣現實：曹斐

曹斐（1978-）的藝術活動最多關注的是虛擬實境與第二人生（second life）的問題。她的作品通常是互動專案或視頻。儘管藝術家主要關注別樣的想像性或虛構的網路空間的現實，但其作品特色仍是受到當代中國語境中現實世界的激發。正如曹斐自己在接受Jerome Sans的訪問中所證實的那樣，虛擬世界的構造很強烈亦是蓄意滲透著中國語境的。這可體現於下面要討論的《角色》（Cosplayers）（2004）與《人民

---

[26] 同前注，p110.

[27] 這些葵花籽佔據了英國泰特現代美術館Turbine大廳整個地面。

[28] JERVIS John (2011), *Sunflower Seeds. Ai Weiwei*, http://artasiapacific.com/Magazine/72/ SunflowerSeedsAiWeiwei [viewed: 07.12.2014].

城寨》（RMB City）（2008-2010）這兩部作品中。

曹斐的《角色》專注於探討當代年輕人的逃避主義問題。此點可用現實感喪失來表述。這個視頻作品實際上是個記錄片，其主人公是廣州的一群年輕人，他們穿著虛構的青年流行文化英雄的服飾——比如蜘蛛人，熱門產品星球大戰中的人物，或者動漫或電腦遊戲中類似的人物造型。曹斐的變裝遊戲者不訴諸於某些特定流行文化偶像，而是隨意結合改造他們。在原作基礎上對人物身分進行的無限制創造，會使之脫離個體具體的現實環境，而進入無所不在的全球虛構，這就摒除了（或者至少在個人虛構人物的時刻）懸擱了地方性。這一點不僅體現於變裝上，且亦通過將之鑲嵌於廣州的環境中展現出來。同樣關鍵的是，藝術家沒有將這些人物放在這個有幾千萬人口的大城市的時尚富人區，而選擇了貧窮的郊區或殘敗的混凝土建築。由此，就獲得了某種流行文化的豔俗強度與真實世界的殘簡灰色之間的美學對比。一方面，年輕人在此種對比背景下很好地展現了自己，但他們給我們最深刻的印象還是包裹在他們自己創造裡的一種孤立感。背景額外的僻陋增強了穿著化妝服飾人物的現實感喪失。在與翁笑雨的訪問中，曹斐說變裝遊戲者不僅是變換服裝，他們亦希望通過懸置其自我身分同時認同於他們所扮人物的身分使自身暫時脫離其日常生活[29]。身分轉換將人物置入某種想像但與此同時亦附著於廣州的現實世界。

如果參照《角色》來看中國文化全球化，我們可以看到地方身分進入流行文化，與現實地方性形成鮮明對比，這種轉化不僅在美學層面進行，且主要通過與地方身分的割裂而假定另一身分來完成。蜘蛛人或想像的動漫人物構成了某種與日常生活的平行。這種平行，在曹斐的作品中，主要作用即是一種從現實中掙脫出來，解放個體想像力而建構某種新身分的形式。新身分的全球化特徵，最重要地是以那些脫離其文化地方性，或一般來說生活地方性的成分為基礎，而自由建構出來的個性展現出來。結果，新身分不是幾種地方性的化合物，而是超越了它們，在

---

[29] WANG Junyi (dir.) (2013), *Cao Fei*, Kadist Art Foundation, 2013.

文化的意義上，全面滲透於其全球化特徵中。因此，《角色》中逃離地方性可被視作升騰入全球化文化空間，這使得超越平凡敘事的身分組合不僅可發生於廣州，亦可生成於任何文化中。

《人民城寨》（RMB City）這個作品與《角色》有很大不同。這個互動項目創作於2008-2010年間，整個工程是要創造一個處於虛構現實的城市。正如作品的英文題目所清晰顯示的那樣，儘管「人民幣城寨」的本身存在是虛擬的，但該作品是對中國現實的一個平行參照。[30] 但是，其目的不是模仿中國的社會－政治現實，而是創造一種另外的建構目標，即作一個「殘酷」現實的變體。比如，「人民城寨」的法律規定你可以擁有自己的土地，但是中華人民共和國的土地則是國有制。《人民城寨》還有一些方面，尤其是建築，刻意建造成「中國風」來強調對中國城市的必然參照。這樣，城市的居住者，也就是項目的參與者不會在虛擬空間裡感覺疏離。以此為目的，建築元素反映了真正的中國城市。它不僅實現的是典型中國城市建築，而且是一些標誌性建築，如上海東方明珠電視塔，北京幾何形的央視中心，或天安門城門。根據曹斐的意圖，這些典型為人熟知的中國建築標誌被放到第二人生是為了給網路空間的Avatar居民創造熟悉的環境。但是，必須指出的是，這些元素在轉置入虛擬空間後，儘管試圖提供地方性，但卻進入某種非自然佈局（例如，不同城市的建築同處於一個地區），如此安排，這些建築就喪失了「地方性」。可以說，它們是被從其固有出處拔離的地方性標誌。在符號層面，我們會有某種熟悉性印象，但除符號之外，卻無法找到這種熟悉性。結果是，這些建築不是被代替了（例如，用地圖描繪現實），而是處於地理之外的位置。因此，熟悉性的認識僅生髮於符號層面，維續它的即為這些傳統與當代中國建築的符號元素。「人民城寨」的建設有意做這種實體轉換，如此，就進入了全球化空間，而僅僅塗上歷史符號的色彩。

如果根據Appadurai地方性參與到全球化動態的觀念[31]來分析該現

---

[30] 英文題目RMB代表中華人民共和國貨幣人民幣的縮寫。

[31] App.DURAI Arjun: *Modernity at Large. Cultural Dimensions of Globalization*, Minneapolis:

象，我們可以說，建築元素混入虛擬實境，實際上是將其置入任何地方，即「非地方性」。如果我們將建築視為中國性提喻，曹斐的作品，儘管有意介入中國元素，但是只在符號的層面上證明其長存。同時，該效果被此種事實強化——即天安門城門或上海東方電視塔，它們起的是象徵中國的「明信片」作用。這就帶來此類問題：即是否我們可以將這些標誌性建築符號等同於流行文化偶像？

曹斐這兩部作品皆關注另一空間——即想像或平行世界裡，找尋身分的問題。二者實現作品意圖的方式在全球化進程織體中處理得很好。儘管其意圖並非傳達社會或政治資訊，但它們可以作為於審美感知領域實現自由思想的例子。尤其《人民城寨》這個作品，作品的參與者共同創造了某種不受制於任何上層權威的網路「飛地」。這個立基於中國的變體空間同時亦可用來觀照自由社會與福山所謂專制主義社會某種張力關係的真實狀態。[32]

批判藝術：王慶松

目前為止討論的所有例子皆意在說明，全球化及其相應的價值轉換很突出地體現於當代中國藝術中。如若不補充一批判性立場，此全球化景觀似還不夠完善，或者說至少不能說完全評估中國社會的全球化。此方面最有意思的作品當屬王慶松（1966- ）1990年代至2000年代的一些攝影作品。

王慶松可被歸劃為那類藝術性記錄中國文化轉化過程的藝術家。攝影為其主要藝術媒介。這些攝影作品就內容而言是生動的，對現實的表達從美學上來說是豔俗主義的，其意圖乃是要增強觀眾的印象以喚起其批判意識。這可以《求佛》系列作品（1999）為例。這些作品中，佛主手裡變換拿著不同對象，諸如手機、金子或紙幣等等。該作品主要批判中國當代佛寺的消費主義生活方式。另外很有意思的是，像可口可樂、

University of Minnesota Press, 2005, p18.
[32] 福山之語見前引第69頁。

電子設備或萬寶路香煙這樣的物品，強烈突出了消費主義生活方式中西方產品的存在，而消費主義生活方式給人的印象總是負面的。

一個更有意思的例子是《能與你合作嗎？》。該攝影作品暗仿了唐代畫家閻立本（600-673）的《步輦圖》。《步輦圖》展現的是西元641年吐蕃使臣訪唐求與文成公主聯姻之事的歷史場景。這幅作品中，唐太宗的形象充滿了光輝，他的周圍環繞著宮女，而吐蕃使臣亦表現得禮貌周到。《能與你合作嗎？》將這一場景置入當代時間。步輦中的太宗被一個穿著T恤衫的白人所替代，他坐在人力車中，而車夫是一個衣衫襤褸的中國人。同時圍繞他的是一群穿著廉價俗氣明豔夏天服飾的中國女人。這種裝扮容易讓人聯想到對初級社會異國風情女性的典型西方觀看方式。這些女人用很大的扇子給白人男子扇著，扇子上有麥當勞的標誌。而吐蕃使臣則被三個穿著隨便的中國男人所替代。其中兩個體型很小，第三個手裡拿著中國國旗。王慶松的作品完全摒棄了原作品歷史圖景中的尊嚴，而將之置入某種豔俗領域裡，更加顯示了中國對西方的臣服。

《能與你合作嗎？》明顯指涉中國對西方流行文化的迷信與崇拜。它證明了全球化進程帶來的消費主義的強大影響。藝術家借用唐代作品並非偶然，唐代是中國文化發展的極盛期。這個作品顯示了中國當代社會不僅要與傳統決裂，且同時亦是一種巨大的美學妥協。這一轉化可被理解為身分的迷失。《能與你合作嗎？》所傳達的簡單直接的批評資訊正強化了此種迷失。

結論

通過以上當代中國藝術案例，我們可以說，中國社會被兩個進程重新整合：全球化以及與之相伴的文化後現代。或許，這兩個進程還沒滲透到讓我們有把握說它們已完全控制的程度。然而，我們有理由將以上討論藝術作品之間的關聯，描述為地方性於全球化以及現代性於後現代中的相互擴散互動交流。

　　魯曉鵬關於未完成的現代主義工程的解析可以說是有道理的。然而，我們不能夠忽視後現代工程確定方向下對現代性成分的功能性分析。現代性的參與更可被標示爲後現代解構性構造的修正成分，而非對抗後現代性的絕對對立成分。這個問題徐冰的作品做了最好的說明，其中傳統藝術核心，書法，無論於《新英文書法》還是甚至於文化工程層面都去個人化的《地書》中似乎皆不再保存其根本身分。書法在這些作品中，某種程度上是作爲主題來組織作品的，但其代價是對其本身的解構。因此，傳統的參與似乎就註定要喪失其原初要素，於新格局中設定其新功能性。

　　我們同樣亦可以此總結地方性的命運──地方性只是表面看來被賦予具體的位置。《人民城寨》這個作品清楚地表明，現時地方性不可能超越全球性而存在。

　　以上這些傾向亦表現於藝術創造策略層面。這種創造策略立基於某種類似於商業與公司策略的直覺。此種情況下，我們不能把當代藝術單單作爲展覽廳中的藝術作品來談，且亦應將其視作某種建立在並非必然個人化嚴格藝術意圖意義上的產品。

　　最後，「新舊」之間的張力關係亦彰顯於我們的想像中，這使得我們在配置任何成分上都具備最大的創造潛能。然而，亦恰是此處，就像於《角色》中一樣，「殘酷」個體身分在被處理且想像爲某種流行文化內容中瓦解了自身。

　　以上藝術以及相應美學上質的變化，可被描述爲對「和」的干擾。「和」，這一傳統卻超越時間的整合術語（亦見之於中國美學）似乎被文化對話中出現的新「秩序」所打擾。然而，我們必須記住，中國「和」概念本質上包含對立成分，即規避統一的同一成分。因此，對當代狀況的重新思考，就很值得不是從解構的角度來看，而是將之視作對大雜合／和的中國秩序的挑戰──而大雜合／和的中國秩序對進程性動態並不陌生……

文章中所討論的藝術作品

Ai Weiwei, *Sunflower Seeds* 葵花籽（2010）.

Cao Fei, *Cosplayers*（2004）, *RMB City* 人民城寨（2008-2010）.

Wang Du, *International Kebab*（*Guoji Kuaican,* 國際速食, 2008）.

Wang Guangyi 王廣義, Campbell Soup（1990）, *Great Criticism*（*Da Pipan* 大批判, 1990-2007）, *Coca Cola*（*Kekoukele,* 可口可樂, 1991）, *Chanel No. 5*（1993）.

Wang Qingsong 王慶松, *Requesting Buddha*（1999）, *Can I Cooperate with You?*（2000）.

Xu Bing 徐冰, *Introduction to Square Word Calligraphy*（*Xin Yingwen Shufa,* 新英文書法, 1994）, *Book from the Ground*（Dishu 地書, 2003）.

Yan Liben 閻立本, *Imperial Sedan*（*Bunian Tu,* 步輦圖, 640）.

被歷史湮沒的作家
——重讀丁克辛兼評「十七年」[1]工業文學

俞春玲

天津師範大學文學院專任副教授

　　丁克辛這個名字，在普通讀者聽來是非常陌生的，即便是許多中國現當代文學的研究者對此恐怕也不熟悉。他的名字和作品沒有在當下通用的文學史教材中出現過，似乎已經湮沒於中國現當代文學史中。如果不是為了研究中國當代工人形象史而進行大範圍的第一手資料的閱讀，丁克辛可能也永遠不會出現在我的視野裡。可一旦接觸這位作家，我發現他是眼光獨到、頗有才華的，而其創作經歷可謂坎坷，其命運可謂悲哀。他以一名知識份子的獨特視角，在左傾文藝批評的包圍中，企圖寫出更人性化的人物形象，表現特殊形勢下人物的特定心理和行為。在二十世紀四十年代和五十年代，因為作品的另類傾向，他受到了兩次猛烈的批判，也正因為這些非議，其優秀之作的傳播反而被遏制，他的創作生命也受到極大的摧殘。對於其作品創作軌跡及其相關爭議的重讀，既讓我們發見了一個被遮蔽的優秀作家，也有助於我們體認特定時代的文學創作。

創作生涯中的兩次重擊

　　今天所能看到有關丁克辛的作品資訊，主要有通俗文藝《民兵戰鬥故事集》（1946），短篇小說集《村長和他的兵——獻給全晉察冀邊區的遊擊小組和縣區村幹部們》（1949）、《童工白玉璽》（1950）和《父子英雄》（1951）。

---

[1] 十七年為中國大陸文學研究專門術語，特指1949年中共建政至1966年「文化大革命」爆發期間中國文學的發展狀況。

　　早在1949年之前中共管轄的「晉察冀邊區」，丁克辛便開始了小說創作，勤奮而多產。以1942年的「軍民誓約運動徵文」為例，在這次活動中，丁克辛在牆頭小說、小故事、中篇小說多個類別中，分別有七部作品獲得甲等或乙等獎，足見其創作熱情和創作實力。丁克辛懷抱對底層百姓的深切理解和同情，以及歌頌「革命形勢」的熱情積極創作，成為「晉察冀邊區」優秀的青年作家。

　　然而，1946年丁克辛遭受了創作道路上的重要一擊。到張家口後不久，丁克辛在《時代婦女》創刊號上發表了短篇小說〈春夜〉，小說講述了一個被八個礦工「共妻」的受辱女性獲得解放的故事。作品以女主人公選擇了自己最喜歡的一個礦工做丈夫後的一夜切入，描寫了人物對新生活充滿喜悅和希望的心情。小說對於女性解放的表現角度獨特，對人物的心理描寫深入細緻。然而，作品引發了不小的爭議，在選材和描寫方法上都飽受質疑。〈「春夜」說明了什麼〉、〈「春夜」是怎樣反映現實的〉以及〈「春夜」讀後感〉等文章認為，儘管作者在作品裡回述了人物的不幸遭遇，「解說了民主政府施行的一夫一妻制的新政策，也提到了工人家屬要生產」，但這在作品裡不是主要的，強調不夠，作者選取了一個重要題材，但寫作角度卻有偏差；對於作品中關於人物心理及愛人間親昵行為的描寫，批評意見認為「表現方法未免過於膽大，過於獵奇了」，是「寫了主觀臆想出發的小資產階級的狂想與清浮」。[2]丁克辛隨即寫了〈我怎樣寫《春夜》的〉（《晉察冀日報》1946年7月17日），對自己的創作初衷和作品主旨進行了解釋。此後丁克辛在1949年之前再沒有作品發表。

　　如果說第一次批判儘管打擊了丁克辛，但還沒有從根本上摧毀其創作意志的話，那麼建國後圍繞〈老工人郭福山〉展開的第二次批判，可以說給作家的創作生命以致命的一擊。

　　1949年之後，丁克辛轉到鐵路部門工作。〈老工人郭福山〉發表在

---

[2]　參見《晉察冀日報》1946年7月15日第4版歐陽一〈《春夜》說明瞭什麼？〉、7月16日第4版亞君〈《春夜》是怎樣反映現實的？〉、山侖泰〈《春夜》讀後感〉等相關批評文章。

《人民文學》1951年5、6月（第4卷第1、2期），是以鐵路工人們積極「支援抗美援朝、保衛國家建設」為背景而創作的。老工人郭福山的兒子工務段支部書記郭占祥，是個「有能力，有威信，得到全支部黨員的一致擁戴」的鐵路工人領袖，在一切方面都堪稱模範。但在北韓戰場的美國軍機轟炸中國邊境時，他忽然害怕起來。原來郭占祥曾被日軍抓到北滿去當過勞工，有一夜，日軍用機槍打死兩百多勞工，他是從死人堆裡爬出來的，從此他聽到機槍射擊的聲音就害怕。在朝鮮戰爭中，他的「非黨員」的父親則表現得很英勇，並要求黨支部把這個不肖的兒子開除出黨，總支書記從寬處理，僅僅撤銷了郭占祥支部書記的職務。後來在父親的影響下，郭占祥也變得無所畏懼了。

　　這部作品給丁克辛招致了猛烈的批判。1951年5月12日，周揚在中央文學研究所作了〈堅決貫徹毛澤東文藝路線〉的講演，點名嚴厲批評了〈老工人郭福山〉：「很顯然的，作者不只歪曲地描寫了一個模範的共產黨員所應有的形象，而且完全抹殺了共產黨的教育和領導的作用。似乎一個模範共產黨員還不如一個普通老工人；似乎在最要緊的關頭，決定一個人的行動的，不是他的政治覺悟的程度，而是由於某種原因所造成的生理上，心理上的缺陷和變態；似乎帝國主義者的兇暴行為竟可以把中國工人嚇倒；似乎使一個共產黨員改正錯誤的，不是黨的教育，而是父親的教育。在整個事件中，起決定作用的是生理的因素，而不是政治的因素；是家族的關係，而不是黨的關係。這樣的作品，在政治思想內容上說，是完全錯誤的，這難道還不明顯嗎？」[3]1952年整風運動中，發表該作的《人民文學》編輯部以及作者丁克辛都為此做了檢討。儘管在此後稍許鬆動的環境中，也曾有人為丁克辛抱不平[4]，但並未扭轉這一批評導向。

---

[3]　周揚：〈堅決貫徹毛澤東文藝路線〉，《人民日報》，1951年6月27日。

[4]　杜黎均在〈關於周揚同志文學理論中的幾個問題〉中指出：「過去，我覺得這個批評不無道理。只是對個別批評字句發生一些懷疑。現在，經過反復思考判斷，這個批評是不能成立的，是教條主義的。」參見馮牧主編《中國新文學大系：1949-1976》，文學理論卷二，上海：上海文藝出版社，1997年。原載《文匯報》，1957年6月7日。

此後，丁克辛更為沉寂了。他晚年定居在天津，對於文學創作的真意以及這段經歷的是是非非，即便面對自己的老友，丁克辛也往往不願多言。

歷史的裂隙

無論是《春夜》還是〈老工人郭福山〉，其創作都是出自作者對於真實故事的感動、對人物的理解，並且是想寫成頌歌的，但為什麼傳播效應卻偏離了作者的創作意旨，究竟是什麼招致了如此激烈的批評？文學創作與文學批評，或者說與當時的文化環境之間出現了怎樣的裂隙？

一、小說敘事模式上的差異

1950年代堅持現實主義的評論家，無一不認為小說是一種敘事藝術，而這種「敘事」又離不開故事和情節，尤其是離不開人和物。根據「文學是人學」的原理，他們十分強調以人物塑造作為小說創作的中心，這便導致了性格小說、故事小說的盛行，而心理小說遠不發達。丁克辛的《春夜》儘管還稱不上典型的心理小說，但在當時已頗顯另類。〈老工人郭福山〉雖然沒有細緻地描寫郭占祥的內心活動，但設置了人物產生恐懼心理的情節，這也是對人物心理狀態的一種關注。而某些批評者則認為丁克辛寫人物生理、心理的缺陷是「政治意識」錯誤。聯繫另一飽受爭議的作家路翎及其作品遭受的批判也可以發現同樣的問題。

作家李國文曾飽含深情的回憶評論道：「他比較早地跳出公式化、概念化、口號化、簡單化的寫作定式，是比蕭也牧，起碼要早好幾年的寫個性、寫人性、寫感情、寫男女之愛的老區作家。因此，早得多的遭遇到評論家的『光顧』，便命中註定了。」

二、人物形象塑造尤其是工人形象塑造問題

在1949年之後的中國，工人形象的塑造還有著不同於其他人物形象

的意義和要求，新政權對國家現代化的想像及其所採取的一系列舉措，影響著對工人的文學想像。從這種理解出發，十七年產生了特殊的文藝導向和文藝政策。以「工人階級的思想」為指導，成為新政權文學創作的整體指導思想，更成為塑造工人形象、從事工人題材創作的首要原則。

關於〈老工人郭福山〉的創作，作者是要寫出現實的嚴峻，表現人物在特定環境下形成的特定性格，以及在新的時代氛圍中的轉變，並以此來襯托主要人物。但作者的意圖卻不被持左傾文藝思想的批評家所認可。在批評中，周揚認為，「有些文藝作品卻過分地熱衷於描寫人民中的消極人物和刻劃人民身上殘留的落後因素，而不去或不善於描寫人民中的積極人物和刻劃人民身上正在產生的新的因素。……有些作者就在描寫積極人物的時候，也不是著重去表現他們的新的高尚的品質，而往往努力去尋找他們靈魂深處的某些弱點或陰暗的方面。」[5]

在此，我覺得有必要將圍繞〈老工人郭福山〉所產生的問題與另一部引起爭議的作品——1949年之前魯煤執筆的劇本《紅旗歌》聯繫起來討論。《紅旗歌》描寫了在一個剛解放的小城市中，「落後」紗廠女工馬芬姐起初不支持勞動競賽，不理解新的管理方式，後來在大家的耐心幫助下，轉變為衷心擁護共產黨在工廠中的領導的故事。《紅旗歌》的公演在文藝界和普通觀眾中引起了強烈的反響，在南京演出時甚至突破了該地話劇賣座的記錄；而另一方面，又出現了不少批評該劇的文章，尤其是馬芬姐這一落後工人形象引起了某些批評家的質疑，蕭殷、蔡天心是對人物持否定意見的代表。蕭殷認為，「在解放了半年以後的工廠，像馬芬姐這樣『頑固』、『落後』的性格，可能存在嗎？解放後工人與工廠關係已經根本改變了，個人與工人之間的關係也更正常了；再加上解放初期工人群眾的訴苦運動，個人對共產黨、解放軍以及工廠當局會毫無認識嗎？會一點階級覺悟都沒有嗎？這是不合乎情況、也不合乎一般規律的。」[6]這種觀點認為，中共建政半年之後，還有這樣落後

---

[5] 周揚：〈堅決貫徹毛澤東文藝路線〉，《人民日報》1951年6月27日。

[6] 蕭殷：〈評《紅旗歌》及其創作方法〉，《文藝報》，1950年第1卷第11期。

的女工，那是「不真實的」，至少也是不「典型」的。茅盾、周揚等則對該劇主要持肯定的態度。周揚撰文說：「不管作者對於這個人物的孤僻倔強的個性的過分渲染，這個人物的落後思想心理是有它的社會根源的，是有它的一定的代表性的。」對於上述否定意見，他認為，「『應該』是一回事，『可能』又是一回事。在解放不過半年時間，工人的政治覺悟還沒有普遍提高，工人物質福利還沒有根本改善的情況下，工人中有象馬芬姐這樣『頑固』『落後』的思想是完全可能的、現實的、並不奇怪的。就在今天也還是如此。」[7]可以看到，周揚此時的批評還是客觀的，是由現實和人物出發，而不是由條條框框出發。然而，周揚在建國初對表現落後工人轉變的《紅旗歌》、《不是蟬》的支持，並不代表主流意識形態以及不斷變化的時代對文學創作的一貫寬容。周揚對於《紅旗歌》的肯定，與該劇是表現工人的第一部劇作不無關係，因而主要持鼓勵的態度。到了五〇年代初，儘管在當時有允許寫缺點的意見，但包括周揚在內的主流意識形態的觀點卻是主要應表現人物的進步性，對於「積極人物」來說更是要表現其優點，如果表現缺點就是不真實的，這種傾向在總體上隨著時間的推移而愈演愈烈。杜黎均在〈關於周揚同志文學理論中的幾個問題〉[8]一文中指出，周揚的文學批評理論存在著矛盾與教條。但崇尚邏輯的杜黎均和尊重現實的丁克辛等，都似乎沒有參透作為當時主流意識形態代表的周揚真正要強調的東西，以及隨著時間的推移在總體上更加嚴峻的文藝形勢。

1951年，周揚在〈堅決貫徹毛澤東文藝路線〉中指出，今天中國的文學藝術必須以工人階級的思想，馬列主義和毛澤東思想作為指導的方向。這種強調，一方面突出了工人階級的重要地位，但另一方面也是對工人形象的書寫提出了特殊要求，它不能等同於一般形象如農民的刻畫，而是應該更先進、更能體現國家前進的步伐。為了使得文學創作按照既定的方向發展，新政權制定了嚴格控制作家寫作立場和具體創作的

---

[7]　周揚：〈論《紅旗歌》〉，《周揚文集》（第2卷），北京：人民文學出版社，1985年，第23-24頁。原載《人民日報》，1950年5月7日。

[8]　參見杜黎均：〈關於周揚同志文學理論中的幾個問題〉。

文藝政策,並通過開展政治運動等高壓手段加以推行。因而,新政權在推動工人題材文學發展的同時,又對作家們的創作進行著制約。

事實上,工人不等同於工人階級,他首先是一個獨立自足的「人」,其次才從屬於一個階級。儘管關於工人階級這一群體可以概括出許多優秀品質,但工人隊伍中也存在著落後的個體,不能一概而論,種種複雜現象都應該在文學中得到表現。馬克思在《經濟學-哲學手稿》中論證了「人性和階級性的關係是共性與特殊性或全體與部分的關係」,這一觀點直到新時期才在關於「人道主義」的討論中得到充分的重視。而在「十七年」,儘管也有部分作家、批評家關注人性、人情,但畢竟拗不過左傾文藝思想的大潮。作家們所要達到的「人」的真實,與當時的「無產階級」的真實產生了不可消除的矛盾。對於路翎展現真實的工人形象的努力,比較突出的批評觀點是,「路翎筆下的『工人階級』的『品質特徵』是濃厚的個人主義和無政府主義思想、流氓和無賴」,其「『精神狀態』是歇斯底里,精神病患者」。對於路翎突入人物內心的努力,批評者認為,「作者在主觀上是在企圖探索工人階級的思想感情,並通過生活把它們表現出來。但我們可以很明顯地看出來:作者不但沒有探索到工人階級的靈魂深處,他連工人階級的靈魂的門也沒有摸到。……從而盲目任性地塗寫了在他看來是『真實』的而實際上是捏造的『工人生活』,來代替真正的工人生活。」[9]儘管丁克辛早就在解放區工作,但還沒有從思想上明確當時的形勢,沒有能夠充分領悟文藝政策。在《從〈老工人郭福山〉的錯誤檢討起》一文中,丁克辛一再批判自己的小資產階級思想,批判自己沒有站到工人階級的立場。這既是階級話語與五四「個性解放」話語的矛盾,更反映了當時知識份子思想改造的深深痛苦和作家在創作中的迷惘。

---

9 陸希治:〈歪曲現實的「現實主義」──評路翎的短路小說集《朱桂花的故事》〉,洪子誠編:《二十世紀中國小說理論資料:1949-1976》,北京:北京大學出版社,1997年,第75-76頁。原載《文藝報》1952年第9期。

三、「社會主義現代化」的文化性質問題

　　十七年對於這類工人形象的批評，既是對寫工人應該寫什麼的回應，更體現了對社會主義現代化的文化性質的一種認知。新政權領導人意識到中國的現代化與資本主義國家有相通的地方，但又時刻注意在性質上與資本主義國家相區別，這種區別主要體現在文化層面，體現在對意識形態的控制上。毛澤東指出，應把中國建設成為一個工業化的具有高度現代文化程度的偉大國家，這種現代文化指的是「社會主義文化」，因此必須堅持「馬克思列寧主義的指導，批判資產階級和一切剝削階級的意識形態，重視意識形態領域裡資產階級鬥爭的長期性和複雜性。」

　　列寧認為：「工人和舊社會之間從來沒有一道萬里長城。工人還保存著許多資本主義社會的傳統心理。工人在建設新社會，但他還沒有變成清除掉舊世界的污泥的新人，他還站在舊世界的污泥裡面，只能幻想把這種污泥清除掉。如果以為這可以馬上辦到，那就是愚蠢透頂的空想，就是在實踐上把社會主義世界移到半空中去的空想。」[10]儘管這也是新政權的客觀現實，在表面上也得到一定的承認，但主流意識形態顯然更強調新政權人民具有新的素質，以及不同於以往「國民性」的值得讚揚的特點。周揚在第一次文代會上肯定了魯迅「曾經痛切地鞭撻了我們民族的所謂『國民性』」，但同時又強調指出新政權人民已經具有不同的「國民性」：「現在中國人民經過了三十年的鬥爭，已經開始掙脫了帝國主義、封建主義所加在我們身上的精神枷鎖，發展了中國民族固有的勤勞勇敢及其他一切的優良品性，新的國民性正在形成之中。我們的作品就反映著與推進著新的國民性的成長的過程。」由此，周揚認為文學創作的態度應當是，「我們應當更多地在人民身上看到新的光明，這是我們所處的這個新的群眾的時代不同於過去一切時代的特點，也

---

[10] 列寧：〈在第二次全俄工會代表大會上的報告〉（1919年1月20日），見《列寧論工會》，北京：工人出版社，1953年，第184頁。

是新的人民的文藝不同於過去一切文藝的特點。」[11]由於對新的「國民性」的設定，在「十七年」「新的人民的文藝」的特定文化語境中，在實際的文學創作與文學批評中，對於有缺點的人物的表現必須謹小慎微。

與此同時，十七年對工人形象的批評和對工業文學創作的要求，體現了當時建設社會主義現代化情緒上的焦躁。一些作品的創作在回應主流思想的同時，也包含著作家對加快建設速度所隱含的危險的思考。聯繫《在和平的日子裡》梁建這一形象，關於對人物心理描寫的禁忌，對這一問題可以看得更加清楚。該作是杜鵬程以修建寶成鐵路為背景寫成的中篇小說，重點表現的是努力克服各種困難、積極投身國家建設的工程隊隊長閻興，副隊長梁建則是與閻興相對的落後人物形象。梁建曾在解放戰爭中衝鋒陷陣，新政權成立後在新形勢面前卻開始退縮。一方面要擔負艱巨的建設任務，另一方面要承擔惡劣條件下緊張施工造成的事故責任，他感到苦惱委屈；為解放中國貢獻了自己的青春，仍孑然一身在泥濘中摸爬滾打，他感到失落淒涼。剛開始討論《在和平的日子裡》時，極左政治病菌還較少侵入，不少論者參加爭鳴是出自學術衝動而非政治因素。在東方文藝出版社出版的評論集中，關於閻興和梁建的形象，收錄的文章大致贊成作品「創造了現實生活中的兩種深刻的典型」，一種是「永不熄滅戰鬥的熱情、永不停止前進步伐的共產黨員的典型」，一種是「在建設生活裡變成保守落後、精神衰退的人物的典型」。就落後人物梁建而言，當時爭議較大的是其真實性問題。一種觀點認為，作者沒有「更明確，更有力地說明」，「在我們的社會裡，梁建的蛻化只是個別現象。因此，這應該看作是對整部作品的思想性和藝術性都有影響的缺陷。」持相反意見者則認為，梁建的形象雖不能說明一般革命者的成長規律，但能說明部分幹部墮落這一現象，梁建的形象

---

[11] 周揚：〈新的人民的文藝——在中華全國文學藝術工作者代表大會上關於解放區文藝運動的報告〉，北京大學、北京師範大學、北京師範學院中文系現代文學教研室主編：《文學運動史料選》（第4冊），上海：上海教育出版社，1979年，第688-689頁。

是有警示意義的，且是可信賴的。杜鵬程在作品中已對人物的心理活動
有所展露，但梁建形象的真實性仍然引起較大爭議，論點之一是作者沒
有充分展現梁建思想變化的歷程，所以使人感到梁建的形象欠真實。然
而，如果杜鵬程不是這樣有所收斂又有所顧忌，而是更加細緻地展示人
物「由進步到落後」的心理變化歷程，那麼這個形象恐怕會受到更加嚴
厲的批評，作品甚至有從根本上被否定的可能。

　　與工人英雄形象在「社會主義建設」中的一往無前相比，這些工人
形象更多地表現出現代化過程中的惶惑。面對大負荷的工作、急躁冒進
的形勢以及貧乏的物質生活等現實問題，作品通過這些人物展現了人們
種種複雜反映。恰恰是在這些人物身上，我們看到了當時的某些社會真
實和心理真實，以及作家面對這些問題時的清醒與矛盾。然而，這些人
物形象遭到了質疑，作品在當時引起了複雜的爭議，給作家造成了巨大
的政治壓力。那些批判意見和那個年代常見的政治運動最終使得作家們
在寫工人形象時不能不畏首畏尾，顧慮重重，這顯然是導致這一領域文
學創作起色不大的重要原因。

尾聲

　　十七年文學中的一些作品，會讓人感到其對人物變化的刻畫不那麼
順暢，在表層下面隱藏著更深厚的東西。重讀這些作品，可以發現過去
人物那些受到批判的缺點，以今天的人性化立場來看都是可以理解的。
某些所謂的缺點，本來就是人的複雜性的一種真實體現，是現實中的人
對當時的形勢氛圍不理解、不適應的正常反應。如果從這一角度進入，
作者也容易將人物形象寫得真實生動。由於政策本身的問題，某些人物
的反映本來是正常的、合理的，但在當時則被認為是錯誤的。儘管作者
也想寫出時代發展的潮流和趨勢，以主流意識形態的要求來規範自己的
思想觀念和文學創作，但這些複雜的問題他們既無法回避又不能考慮清
楚，因而在人物形象的塑造中，儘管在主觀上或許力求認同主流，但在
實際的創作中又滲透著矛盾，從而造成了人物形象的生澀。

　　從〈老工人郭福山〉到《父子英雄》，丁克辛的創作經歷給我們提供了一個可資品味的變化軌跡。在〈老工人郭福山〉中，模範的支部書記郭占祥在敵機轟炸時表現出了怯懦，他不是害怕危險而是單怕機槍，這一情節於情於理都讓人覺得有點彆扭。事實上，作品的裂隙恰恰體現了作者創作中的矛盾。這一在危險面前流露出真實心理的人物形象是有原型的，但作者出於某種考慮又對其進行了加工。「寫的時候，我只覺得不管我如何同情這個姓『呂』的，但寫怕飛機總有點不對勁，因此我把『總支書記』改為『支部書記』；然後，我又想法說他『不是怕飛機，也不怕炸彈』，而把他生理上的缺陷——單怕機槍，歸罪於日軍對他的毒害，使讀者都同情他，都更深地仇恨日軍。以為這樣一寫，這個人物也就很完整了，主題也就更強烈了。另外，還有一點，我感到有些不妥當；那就是，不怕炸彈單怕機槍，有點說不通；經過批評就不怕機槍也有點勉強。但我認為這些都是細節，無損於我的主題。……」[12]為了盡量不破壞工人階級高大完美的形象，作者將一些情節做了改變，恰恰是這些改變使他自己也覺得矛盾，但這種調和仍然無法滿足左傾文學批評的需要。在受到批評後，丁克辛對這篇小說進行了修改，以《父子英雄》的名字收入同名短篇小說集。修改主要圍繞郭占祥這一形象展開，改為郭占祥捨己為人抱走炸彈光榮犧牲，而沒有了怕機槍一段。在郭占祥的追悼會上，他的父親老工人郭福山發表講話，作品這樣描寫道：

> ……我此刻不再悲痛，我感覺得我有這樣的兒子非常光榮。現在占祥雖然犧牲了，和占祥一樣的青年工人和共產黨員還有千千萬，我有什麼難過的？我現在倒不是什麼難過，我只覺得有點慚愧。」他的臉微紅了一下，接著說道：「我慚愧什麼呢？因為占祥比我進步快，我比不上他！他進步快，固然是靠黨對他的教育，可是黨也一樣教育我呀，為什麼我就進步慢呢？想起這個，我不光覺得我對不起毛主席，也覺得對不起占祥。……[13]

---

[12] 丁克辛：〈從《老工人郭福山》的錯誤檢討起〉，《人民文學》1952年第3-4期。
[13] 周揚：〈堅決貫徹毛澤東文藝路線〉，《人民日報》，1951年6月27日。

有心理陰影的支部書記變成了英勇無畏的烈士，原作中的次要人物變成了現在的主要人物，陪襯者變成了「正面」人物。隨著郭占祥這一形象的改變，父親郭福山這一進步老工人形象也更加「革命化」。對於兒子的犧牲，他沒有表現得多麼悲痛，而是為自己進步得慢感到「慚愧」。修改後，人物形象完全符合標準了，但就是讓人感覺不合常情了。丁克辛在《父子英雄》的「附記」中寫到，由於「中間第三節對郭福山兒子郭占祥（支部書記）的處理不適當」，「以致損害了作品的主題，對讀者也起了不好的影響。這，在一個寫作者說來，是非常慚愧和痛心的。……修改以後，在這一本集子裡，它還是我比較喜歡的一篇。」丁克辛是以「贖罪」的心態來修改小說的，我們可以體會到作者受到批判後的苦惱和壓力。至於說修改後的作品仍然是作者「比較喜歡的」，我對此感到懷疑的同時，也感受到作者深深的無奈。

如果我們今天讀到的只是《父子英雄》，那麼很可能會質疑作者將人物公式化、抽象化，質疑十七年工人形象的真實性與豐富性。但如果瞭解作品產生的過程，以及面世後經歷的種種波折，我們則可以更清楚地理解為什麼會出現這樣的形象。只有回到本文深處去解讀當時的工人形象，去探尋歷史的軌跡，才會盡可能地看到歷史的本來面目，觸摸到作者的心靈。

思想和藝術上的清規戒律是作家創作的大敵，在對工人階級先進性的追求中，多少工人形象的生動光芒消失在歷史的星空中了。這些作品彷彿被砍削掉枝葉的大樹，面對留下的主幹和疤痕，不禁讓人想像它曾經枝繁葉茂的樣子。儘管歷史是不能假設的，但在對十七年工人形象的追憶和思考中，我仍然不能避免遺憾、不能停止遐想。如果作家們都能按照自己的想法去創作，如果那些鮮活的情節沒有被刪除，那麼工人形象的畫卷該是何等的絢麗多彩。

傳媒

西方媒體對「毛誕節」的報導評析

畢耕

華中農業大學文法學院專任副教授

2013年12月26日，是中華人民共和國的締造者毛澤東誕辰120周年的紀念日。早在12月7日出版的英國《經濟學人》就刊發一篇題為〈毛誕節快樂〉（Merry Mao-mas！）的文章，將「耶誕節」中的「基督」替換成「毛」而新造出「毛誕節」一詞。隨後在12月20日，《環球時報》刊發澳大利亞華人學者雪珥的文章〈莫讓激烈情緒影響「毛誕節」〉，並被眾多媒體所廣泛轉載，加之「毛誕節」恰好就在耶誕節之後一天的天緣巧合，從而使「毛誕節」一詞不脛而走，成為歲末年初的一個流行詞彙，並被世界媒體廣泛使用。

在「毛誕節」期間，從中共中央到中國各地都開展了轟轟烈烈的紀念活動，世界媒體也發表了大量的紀念和評論文章。尤其是中國民間所謂的「左派」和「右派」，或是「挺毛派」和「反毛派」，利用網路、微博等公共媒體發表了很多相互對立的意見，對毛澤東一生的功過是非開展廣泛深入的再認識、再討論和再評價，又一次掀起了空前的「毛澤東熱」，並引起西方媒體的強烈關注和興趣。在西方媒體看來，對毛澤東的評價就像是觀測中國政治走向的晴雨錶和風向標，從中可以發現中國未來是「向左轉」還是「向右轉」，同時討論中國話題還可以起到吸引眼球的效果。因此，在2013年11月至2014年元月之間，西方媒體圍繞「毛誕節」以及中國的政治、經濟、軍事和歷史等話題開展了新一輪的報導熱潮。不僅投入大量的人力物力進行採訪，而且還增加版面和時間加以報導，可謂是盛況空前，史無前例，不能不引起我們的關注、研究與思考。

為了研究西方媒體炒作「毛誕節」的現象，筆者通過閱讀大量報刊

和網站資訊，收聽收看廣播和電視節目，在廣泛收集第一手文獻資料的基礎上，試圖以媒介形態為出發點，從報導方式與特點、主要內容與觀點這兩大方面來進行分析探討，以便從中發現和認識西方媒體進行新聞報導的特殊規律，並對其「妖魔化」中國的本質特徵進行批判與反思。

一、西方媒體的報導方式與特點

（一）報刊媒體

報紙和雜誌屬於傳統的平面媒體，雖然在電視、網路媒體的衝擊下不斷萎縮，但世界上許多著名報刊的影響力依然很大。筆者根據2011年度世界報業與新聞出版者協會（WAN-IFRA）公佈的全球發行量最大的100家報紙排行榜的相關資料，並結合發行量、影響力和國別等情況，分別選取英國、美國、加拿大、法國、西班牙、德國、日本、俄羅斯和澳大利亞等9國的20份著名報刊作為研究對象，檢索出2013年11-12月間有關中國的全部新聞報導，經統計多達56篇，其中與「毛誕節」相關的就有33餘篇。現精選出12月份較為重要的消息與評論20篇，並按照發表時間（月日）、媒體名稱、國別、文章標題及作者的順序清單如下：

	時間	媒體名稱	國別	文章標題及作者
1	12.7	經濟學人	英	毛誕節快樂
2	12.23	基督教科學箴言報	美	毛主席會保佑你：為何遊客湧向毛澤東誕生地（Peter Ford）
3	12.24	多倫多星報	加	中國準備慶祝毛澤東誕辰120周年
4	12.25	每日電訊報	英	中國對毛澤東的崇拜超過耶穌（Malcolm Moore）
5	12.25	今日法國	法	在毛澤東120歲冥誕其功過爭論再起
6	12.25	華盛頓郵報	美	毛澤東的生日即將來臨使中共感到不安（William Wan）
7	12.26	世界日報	美	中共紀念毛澤東冥誕，應警惕左傾回潮
8	12.26	華爾街日報	美	在毛主席誕辰，習近平面對一份矛盾的遺產（Jeremy Page）

9	12.26	今日美國	美	中國用理智的方式來紀念毛澤東誕辰（Gillian Wong）
10	12.26	時代週刊	美	中國領導人習近平在毛澤東120周年紀念會講話指出：革命領袖不是神
11	12.26	衛報	英	中國取消部分紀念毛澤東120歲誕辰的活動，但他的精神在一個村莊永存（Tania Branigan）
12	12.26	世界報	西	中國共產黨領導人紀念毛澤東誕辰120周年
13	12.26	世界報	法	為避免對毛澤東的崇拜，北京謹慎對待他的政治遺產（Brice Pedroletti）
14	12.26	世界報	德	日本掃了中國慶祝毛誕日的興（Von Johnny Erling）
15	12.26	朝日新聞	日	中國紀念毛澤東120周年的活動規模縮減
16	12.26	真理報	俄	中國慶祝毛澤東誕辰120周年
17	12.26	生意人報	俄	中國「偉大的舵手」
18	12.27	獨立報	俄	中國國家主席明確表示不會跟走毛澤東主義的老路
19	12.27	悉尼先驅晨報	澳	中國對毛120周年誕辰的緊張程度超過對毛留下的遺產
20	12.30	紐約時報	美	不能拋棄毛，但也不會回到毛（王強）

　　通過上表可以看出，西方報刊媒體對「毛誕節」的報導主要有以下特點：一是報導時間密集。自習近平在2013年11月初視察湖南，並提出紀念「毛誕節」要「隆重、簡樸、務實」以來，西方媒體就開始加大報導力度。尤其是在12月26日「毛誕節」當天，幾乎所有的西方報紙都有報導，時間非常集中，而且範圍廣泛，從官方到民間都有涉及。二是報導形式豐富。既有文字、照片和漫畫，也有消息、訪談和深度報導，還有社論和評論等。大多數報刊以文字消息為主，並配有大幅照片，其中美國《華盛頓郵報》和俄羅斯《生意人報》還分別刊登了10多張照片，用以回顧歷史和報導紀念活動盛況。三是歐美各有特點。大部分歐洲報刊以消息為主，報導次數較少，篇幅也較短。而以《紐約時報》為代表的美國主流報刊，無論是在報導數量、篇幅還是形式多樣性等方面都要強得多，這說明美國媒體對中國這個潛在對手的關注程度明顯高於歐洲。四是美媒評論較多。除一般性的消息報導外，有些美國報刊如中文《世界日報》等還特地刊登社論、評論員文章和新聞述評等，以「毛誕

節」作為視窗來分析中國社會現狀，觀察政治、經濟和軍事的未來走向。這類深度報導與評論文章往往長達數千言，的確很不多見。

（二）廣播電視媒體

在西方各國的新聞媒介中，既有傳統的獨立的廣播或電視，而更多的則是廣播與電視一體化，如美國之音最初只是對外廣播，但後來實現了廣播與電視的同步播音，因而有必要將廣播和電視歸為一類進行研究。筆者根據西方廣電媒體的排行榜、影響力和國別情況，分別選擇主要西方國家如美國、德國、英國、法國、加拿大、俄羅斯和澳大利亞等7國的9家廣播和電視臺作為研究對象，通過查閱網站的文字與音訊、視頻資料，從2013年11-12月近60條報導中國的消息與評論中，精選出與「毛誕節」有關的15條稿件，並按照播出時間（月日）、媒體名稱與節目標題的順序依次清單如下：

	時間	媒體名稱	節目標題
1	11.1	美國之音（VOA）	毛澤東特別節目
2	12.5	美國之音	毛冥誕120年，「挺毛」「拔毛」空前交鋒為哪般
3	12.20	美國自由亞洲電臺（RFA）	毛澤東給老百姓幹了什麼，又給接班人留下了什麼
4	12.23	德國之聲（DW）	毛澤東誕辰：選擇性紀念
5	12.26	美國有線電視新聞網（CNN）	中國低調紀念毛澤東120周年
6	12.26	美國之音	再談毛澤東是否「蓋棺論定」
7	12.26	美國之音	毛誕節論毛澤東功過
8	12.26	美國自由亞洲電臺	習近平七常委集體朝拜毛澤東，官民祭毛折射不同政治需要
9	12.26	英國廣播公司（BBC）	中共七常委拜謁毛澤東，黨報再頌毛功績
10	12.26	法國國際廣播電臺（RFI）	毛澤東冥誕120周年：習近平拜謁毛澤東紀念堂與安倍參拜靖國神社

11	12.26	俄羅斯之聲（VOR）	中國正在重新認識毛澤東
12	12.27	澳大利亞廣播公司（ABC）	毛澤東誕辰120周年，中國國家主席習近平評論其「失誤」
13	12.27	美國之音	「拜鬼」的異同
14	12.28	加拿大國際廣播電臺（RCI）	毛澤東是拯救民眾的偉人，還是禍害中國的罪人
15	12.30	美國之音	習率常委團拜毛靈，為何激辯四起

通過上表可以看出，西方廣電媒體對「毛誕節」的報導主要有以下特點：一是時間跨度很長。例如，美國之音早在11月初就有專題討論，並一直延續到2014年元月還有相關報導，時間跨度長達兩個月之久。二是報導頻率較高。在12月26日當日，幾乎所有的西方廣電媒體對中共中央的紀念活動均有報導。「毛誕節」前後數日，部分媒體甚至是日日有報和一日多報，傳播頻率之高令人吃驚。三是突出媒體特色。西方媒體充分發揮廣電媒體的優勢，既有聲音和圖像，又有現場和評論，還有專題和綜合等，報導形式豐富多樣，聽眾和觀眾參與性強。四是注重比較分析。法國、美國和德國等廣電媒體還將中共領導人紀念「毛誕節」與日本首相安倍晉三在同日參拜靖國神社聯繫起來，從多個角度進行比較分析，試圖揭示這兩者對未來中日關係的影響。

在西方廣電媒體對「毛誕節」的報導中，美國之音特別引人關注。既有一般性的消息報導，也有新聞綜述與評論，還策劃了多個專題性節目。其中，在11月1日播出的《焦點對話》欄目即是「毛澤東特別節目」，分為「毛的人格及追求」、「毛給中國帶來了什麼」和「紅二代為何再度尊毛」等三個部分，由主持人邀請王康、程曉農、高文謙等三位嘉賓進行對話討論，全部時長60分鐘。在《時事大家談》專題系列中有以下幾場討論：一是在12月5日由主持人和司馬南、陳奎德對話，話題為「毛冥誕120年，『挺毛』『拔毛』空前交鋒為哪般？」時長25分鐘。二是在12月26日由主持人和高文謙、金鐘對話，話題為「再談毛澤東是否『蓋棺論定』」，時長43分鐘。三是在12月30日由主持人和何

頻、章立凡對話，話題為「習率常委團拜毛靈，為何激辯四起？」時長
23分鐘。此外，在12月26日播出專題《火牆內外》，主題是「毛誕節論
毛澤東功過」，時長5分鐘。同時，這些節目還被上傳到YouTube網上，
供觀眾隨時觀看和評論。

由於美國之音是美國政府的宣傳機器和輿論喉舌，「反中反共」的
政治立場非常鮮明，所以對「毛誕節」的報導和評論自然也是極盡「妖
魔化」。美國之音中文節目的幾位男女主播，在話題選擇上往往故作高
論，在評述史實時也是自相矛盾，無非是想極力「非毛」。被邀請參加
訪談的嘉賓基本上都是客居美國的民運人士，包括鮑彤、何頻、高文謙、
陳破空、程曉農、王康以及中國自由主義歷史學者章立凡等。他們不僅
全盤否定毛澤東的人格和功績，而且還對中共現政權進行嚴厲抨擊。

（三）網路媒體

隨著現代科技的飛速發展，網路媒體以其傳播速度快、信息量大和
互動性強等特點迅速崛起，成為繼報刊、廣播和電視之後的「第四媒
體」，很多傳統媒體也紛紛開設網路版，用以拓展資訊傳播功能。在
「毛誕節」來臨之際，西方網路媒體也不甘落後，尤其是英國廣播公
司、美國之音、俄羅斯之聲、《紐約時報》、《華爾街日報》和《世界
日報》等西方主流媒體的中文網站，對「毛誕節」進行了大量報導，甚
至比傳統媒體的內容更豐富，形式更生動，傳播力也更強。

為了紀念毛澤東誕生120周年，英國廣播公司（BBC）中文網除了
報導相關新聞之外，還專門製作了「毛澤東誕辰120周年」專輯，「特
推出系列報導，分析評論毛澤東對今日中國乃至世界的影響。」[1]現
將BBC中文網12月至1月的全部16篇系列報導按發表時間（月日）、作
者和文章標題的順序清單如下：

---

[1]　李莉：〈韓德強：毛主席就是一個神〉，http://www.bbc.co.uk。

	時間	作者	文章標題
1	12.16	李敦白	毛澤東對當今中國意味著什麼
2	12.17	尚 清	余英時：習近平難以抓到毛澤東的遺產
3	12.18	李 莉	章立凡：毛澤東是中國共產黨的負資產
4	12.19	李 莉	韓德強：毛主席就是一個神
5	12.20	白 墨	傳記毛澤東，神人妖莫辨
6	12.22	蒙 克	習近平如何利用毛澤東的政治遺產
7	12.24	蒙 克	毛澤東遺產爭議：婦女能頂半邊天
8	12.24	張 倫	毛的悲劇與中國的悲劇
9	12.25	威 克	國民黨眼中的毛澤東：從竊國盜匪到常人
10	12.26	阮文徹	革命舵手毛澤東　思想超越中國國界
11	12.27	立 行	英國共產黨人：遙望中國不忘毛澤東
12	12.28	威 克	讓臺灣人看到的「反派角色」——毛澤東
13	12.29	立 行	緬共紅二代：毛澤東一成錯誤九成功績
14	12.30	王 戎	毛澤東經濟遺產：同一套資料的不同解讀
15	12.31	陳志芬	習近平背負崇敬毛澤東包袱如何前行
16	1.1	華 英	毛澤東給非洲留下了什麼

通過上表可以看出，BBC中文網紀念「毛誕節」的系列報導主要有以下特點：一是內容豐富多樣。系列報導的作者均為BBC網站記者，通過實地採訪、人物訪談以及查閱歷史文獻資料等方式，從國際與國內、歷史與現實等多層次和多側面，對毛澤東的功過是非進行全面回顧和評說，內容豐富，觀點鮮明。二是注重聯繫現實。系列報導以不同人物的多重視角為基點，囊括從政治遺產到世界革命、改革開放等多種議題，尤其是注重對以習近平為首的新的黨中央領導集體是否應該以及如何繼承毛澤東的政治遺產等問題進行評析，對中國的未來發展提出展望和建議。三是體現評論特色。系列報導並非是一般性的時事報導，而是將新聞與評論融為一體，有敘有議，述評結合，通過深度報導來凸顯評論特色。既從小處著眼，又能以小見大，形成整合優勢。

　　與此同時，俄羅斯之聲中文網也開闢了「紀念毛澤東誕辰120周年」專欄，並在開篇〈毛澤東：黑白肖像任評說〉中指出：「長期以

來，蘇聯一直用完全黑色的筆觸來描繪毛澤東的形象。……在本期有關毛澤東誕辰120周年的系列文章中，我們試圖客觀而不帶絲毫感情色彩來對這位歷史人物的言行進行拋磚引玉的評價，以饗廣大讀者。」[2]從2013年11月底開始到2014年元月，中文網每週刊發1-3篇文章，包括〈毛澤東：政治家、詩人、書法家和毀滅者〉、〈毛澤東為何要成為獨裁者〉和〈毛澤東為何與史達林互不信任〉等14篇，並結合中蘇、中俄的關係史，對毛澤東的功過是非進行評述，而且觀點多元，褒貶互現。

二、西方媒體的報導內容與觀點

（一）對毛澤東歷史地位的評價

西方媒體對「毛誕節」的報導內容主要有為兩大部分：一是中國官方與民間的紀念活動，多以消息形式報導。二是毛澤東的歷史評價及其對當代中國的影響，主要是綜述和評論，而且是重點內容與關鍵所在。西方媒體普遍認為，中國目前對毛澤東的歷史評價分歧很大，主要有官方和民間的兩個層面的三種觀點。一是官方的「辯證論」。早在1981年6月27日，中共中央第十一屆六中全會通過的〈關於建國以來黨的若干重大歷史問題的決議〉指出：「毛澤東同志是偉大的馬克思主義者，是偉大的無產階級革命家、戰略家和理論家。……他的功績是第一位的，錯誤是第二位元的。」[3]2013年12月26日，習近平在〈在紀念毛澤東同志誕辰120周年座談會上的講話〉依然強調：「革命領袖是人不是神」，「不能把歷史順境中的成功簡單歸功於個人，也不能把歷史逆境中的挫折簡單歸咎於個人。」[4]二是民間的兩種「對立論」，即左派的「崇毛論」、「挺毛論」和右派的「非毛論」、「反毛論」。事實上，

2　俄羅斯之聲：〈毛澤東：黑白肖像任評說〉，http://radiovr.com.cn。

3　中共中央：〈關於建國以來黨的若干重大歷史問題的決議〉，《人民日報》，1981年7月1日。

4　習近平：〈紀念毛澤東同志誕辰120周年座談會上的講話〉，《人民日報》，2013年12月27日。

這兩種截然矛盾對立的觀點，都是與中共的「辨證論」相左的。正如美國中文《世界日報》的社論所言：「毛澤東無疑是二十世紀最具爭議的人物之一。」[5]因此，西方媒體通常是以對毛澤東的爭論作為話題的切入點，在貌似客觀公正的幌子下，大量引用「反毛派」的言論，其根本意圖非常明顯，就是通過否定毛澤東來否定中共執政的合法性。

（二）對毛澤東政治遺產的討論

毛澤東去世已經近四十年了，中國的社會條件與國際環境早已發生了翻天覆地的變化。毛澤東給中國留下了怎樣的政治遺產，對中國社會還會產生怎樣的影響，這些依然是西方媒體最感興趣的話題。韓德強在BBC中文網的訪談中強調：「毛主席就是一個神。」他認為：「毛澤東對中國的遺產太豐富了。首先是這個政權，今天社會的穩定和統一就是毛澤東最大的遺產。其次，毛澤東還給中國人留下了一個美好社會的理想。」他還強調毛澤東的遺產，「甚至對世界人民也特別重要」。[6]此外，在BBC中文網的系列報導中，王戎通過對同一套資料的不同解讀，分析了毛澤東留下的經濟遺產。蒙克、阮文徽、立行和華英等還從婦女解放、非洲建設和世界革命等角度，高度評價毛澤東的歷史貢獻，充分肯定其政治遺產的作用和意義。然而，縱觀西方媒體所刊發的大多數文章的核心觀點，對毛澤東的政治遺產都持負面的否定的態度。尤其是「反毛派」的代表人物章立凡，曾多次在美國之音、英國《金融時報》中文網和BBC中文網等媒體上發表談話和撰文，抨擊毛澤東是一個在中國上空「徘徊的幽靈」，「實際上是中共的一個負資產。」[7]據筆者粗略統計，章立凡的各種「反毛」言論被西方媒體轉載或引用率最高，至少超過二十餘次，足見其言論的影響極大。

---

[5]　世界日報社：〈中共紀念毛澤東冥誕，應警惕左傾回潮〉，《世界日報》，2013年12月26日。

[6]　李莉：〈韓德強：毛主席就是一個神〉，http://www.bbc.co.uk。

[7]　李莉：〈章立凡：毛澤東是中國共產黨的負資產〉，http://www.bbc.co.uk。

（三）對中國社會心態的剖析

西方媒體對於「毛誕節」的報導，主要選擇有兩大地點：一是代表官場的首都北京，二是代表民間的普通鄉村，如毛澤東的故鄉韶山和「共產主義」的樣板河南省南街村等。通過對官方與民間的採訪報導，西方媒體認為目前中國呈現出官民對立、民眾分化等「高度撕裂」狀態。在西方媒體看來，對毛澤東「歌功頌德」的多是既得利益者，他們充分享有政權所帶來的最大「紅利」。同時，絕大部分普通民眾也有「崇拜毛澤東的狂熱」，把毛澤東「抽象成社會公平的符號」，用以表達對目前社會不公、貧富懸殊和貪污腐化的不滿情緒。正如法國國際廣播電臺引述《費加羅報》的評論所言：「許多中國人評價毛是中國歷史上最偉大的領袖。但紀念毛澤東的中國人裡，許多人更是懷念毛時代，因為那時沒有腐敗，而今天，窮人缺吃少穿，工人農民重新淪為被剝削的對象。」[8]然而，與官方和民眾的「崇毛」心理相反，許多自由派知識份子則採取全盤否定的態度，認為若不清算毛澤東的歷史遺產，中國就不可能真正實現民主。由此可見，對毛澤東的評價並非簡單的歷史之爭，而是有著鮮明的政治指向與現實需要，並將會不斷地延續下去。從這個角度來看，中國今後一段時間內仍不具備全面、客觀評價毛澤東的現實條件。

（四）對中共執政路線的揣測

2012年11月15日，中共十八屆一中全會在北京選舉出了以習近平為總書記的新一代的黨中央領導集體，開啟中國改革的「2.0時代」。對以習近平為首的中共領導團隊的執政理念，以及中國未開的政治走向，西方媒體一貫採取觀望和揣測的態度，提出了所謂「政左經右」和「鄧皮毛骨」等說法，並批評中共只談經濟建設，回避政治改革。王強在《紐約時報》上撰文指出：「去年十八大以後，身為『紅二代』的習近

---

[8] 小山：〈北京隆重紀念毛澤東冥誕但禁止爭論毛的功過〉，http://www.chinese.rfi.fr。

平成為中國共產黨的總書記。其執政一年多來，毛色彩屢見不鮮，如整治黨風、群眾路線以及推行批評和自我批評，並不斷在黨內外強調毛澤東思想的重要性。」而另一方面，「雖然中國執政者不能拋棄毛，但是很少有人認為習近平會把中國重新帶回毛澤東時代。」[9]俄羅斯《獨立報》引用分析人士的觀點指出，中共領導人高調紀念毛澤東是「試圖在中共左右派之間保持平衡」，並認為「不會走毛澤東的老路，但也不能搬用西方式民主」。[10]陳志芬在BBC中文網上撰文並引用學者的話說：「為了國家的長治久安，中國共產黨應該學習減輕包袱。當經濟發展處於穩定的時間應著手慢慢進行政治改革，⋯⋯哪怕是走一小步，總比原地踏步好。」[11]

（五）對中日兩國祭拜的比較

在中國隆重紀念「毛誕節」之際，日本首相安倍晉三竟在同日前去參拜靖國神社，這一「經過計算的挑釁」立即招致中國政府的強烈抗議。對於中日兩國的祭拜行為，西方媒體有著各種不同的解讀，甚至還加以對比分析。法國國際廣播電臺報導說：「毛澤東誕辰120周年，習近平率六常委低調拜謁毛澤東紀念堂，中共黨報《人民日報》長篇論證毛的各項功績，網友將習近平參拜毛澤東陵寢與安倍晉三參拜靖國神社相提並論引發聯想：殺死別國數千萬人的日本需要反省道歉，難道殺死本國數千萬人就不需反省道歉？」[12]無獨有偶，德國之聲也引用楊恒鈞、陳傑人和李承鵬等人的微博，借中日兩國的祭拜活動對中共進行抨擊。此外，德國之聲還援引《法蘭克福彙報》的評論認為，中日兩國都是「走在同一條危險的道路上」，讓人得不出誠懇面對本國歷史的結論。由此可見，西方媒體出於政治偏見，把中日兩國的祭拜活動相提並論，大有混淆是非之嫌。

---

[9] 王強：〈不能拋棄毛，但也不會回到毛〉，《紐約時報》，2013年12月30日。

[10] 俄羅斯之聲：〈習近平：革命領袖是人不是神〉，http://radiovr.com.cn。

[11] 陳志芬：〈習近平背負崇敬毛澤東包袱如何前行〉，http://www.bbc.co.uk。

[12] 古莉：〈毛澤東冥誕120周年：習近平拜謁毛澤東紀念堂與安倍參拜靖國神社〉，http://www.chinese.rfi.fr。。

　　總而言之，西方媒體對「毛誕節」的新聞報導，有其特定的時代背景和現實原因，既是資本主義的價值觀與新聞觀的體現，也是帝國主義冷戰思維不斷延續的結果。一方面，由於中國的快速崛起，導致西方媒體對中國的現狀與發展予以高度關注，同時還起到了向世界宣傳中國的效果。而另一方面，儘管有部分西方媒體試圖以客觀公正的態度來報導「毛誕節」，但也不能否認大部分西方媒體都有強烈的「政治偏見」和「刻板印象」，或是故意誇大毛澤東的歷史錯誤，或是歪曲理解對「毛誕節」的紀念活動，甚至與日本首相安倍的「拜鬼」相提並論，拼命對中國進行「妖魔化」，處心積慮地詆毀中國的國際形象，積極充當反中仇華勢力的傳聲筒與馬前卒。因此，如何踐行西方媒體所一貫標榜的傳播理念，真正奉行客觀公正的新聞原則，仍然是許多西方媒體所必須面對和深刻反思的問題。

政治權威的崛起與中國古代文明的演進
──評張光直《美術、神話與祭祀》

劉婷婷

深圳大學文化產業研究院碩士研究生

　　機緣之下偶然拜讀了張光直先生的《美術、神話與祭祀》（以下
簡稱《美術》，*Art, Myth, and Ritual: The Path to Political Authority in Ancient
China*，英文版由哈佛大學出版社1983年出版，中文版由北京生活・讀
書・新知三聯書店出版社（2013年出版）一書。本書由張光直先生在哈
佛大學為大學本科生（多是對中國文明、考古或歷史不熟悉的）而設計
的一門新課的講稿中所選出來的，因而接近於講義性質，措辭淺顯易
懂，頗為容易理解。

　　關於張光直先生生平，知者甚多，本文不再贅述。僅就《美術》一
書而言，筆者認為，此為張光直畢生學術思想之集大成，所採用的跨學
科研究範式堪稱北美漢學特別是域外中國文明史研究之先聲，自1983年
英文版由哈佛大學出版社出版以來，中文、日文、韓文各語言版本均有

問世，嘉惠學林，影響深遠，因此有著較為重要的研究意義。

據該書英文書名可知，此書的重點乃是通過對美術、神話和儀式諸方面的研究，進而探析古代中國政治權威的形成屬於事關中國古代文明的研究，探源的重點自「五帝」時期至秦王朝的建立（即西元前3000年至西元前221年）。該著以其獨到的眼光將夏、商、周三代作為一個獨立的系統來處理，並命名為「古代中國」。張光直先生認為，中國文明的起源，其關鍵在於政治權威的興起與發展。同時，中國古代的政治權力的取得與藝術、神話、巫術等都有著不解之緣，王朝的產生與發展也總是與中國文明演進相伴隨，政治、藝術的歷史嬗變，構成了中國古代文明的演進軌跡。

這正如德國哲學家杜勒魯奇（Ernst Troeltsch）所說，「從起源中理解事物，就是從本質上理解事物」，[1]古代中國（夏商周三代）的歷史就是其政治權威崛起的歷史，而如何從三代政治權威的崛起中來理解中國文明的演進，構成了《美術》一書力圖闡釋的核心。

一、中國神話的魅力

事關中國先秦文明史的研究而言，多數沿襲乾嘉學術考鏡源流之法，著重於簡帛文字、鐘鼎銘文、龜甲卜辭等某一具體材料的細節考據，或者嘗以近世西方史學主流研究之法，關注大歷史觀之下的新陳代謝，採取史論結合撰述通史或門類史。然就《美術》一書而言，卻可跳出上述兩者之壁壘，從神話入手，以闡釋古代中國政治權威的崛起為要旨。

無論中西，神話故事大多是英雄聖賢的傳說，總是帶有神祕的色彩，傳統史家認為並不足信。但中國夏朝以前（包括夏朝）的歷史，我們卻只能從後世記錄的神話傳說中獲得，迄今為止，並無佐證夏朝存在的文物出土。因此，若想對夏商周三代進行追根溯源，對神話的解讀必不可少。而就中國現代學術史而言，論述古代文明問題，多從文物、文

---

[1] Ernst Troeltsch: *Religion in History*, Minneapolis: Augsburg Fortress Publishers, 1997, p34.

獻方面入手，忽略甚至遺忘了神話學，[2]史學家長期認為，神話是沒有學術說服力的（比如顧頡剛的「疑古」之說）。但是，神話傳說作為一種歷史意識的統一體，往往包含著哲學、宗教、歷史、地理乃至科學技術等種種資訊，其對文明史研究的意義顯而易見。

《美術》一書書名便包含了「神話」一詞，張光直先生將神話研究貫穿全書。這正體現了他治史之路徑：即打破凡事從文物文獻研究之局限（尤其是以伯希和、葛蘭言為代表的歐洲中國史研究），借助神話研究，形成了廣義上的「詩史互證」。這一治史路徑在上個世紀七、八十年代曾一度以耶魯大學、哈佛大學（1977年轉任哈佛大學教授）為中心，薪火相傳，對北美漢學界影響深遠。

作為一位畢生致力於促進中國文化國際化傳播的學者，張光直先生在《美術》一書中，運用簡潔的語言、清晰的邏輯將中國神話故事與其學術論辯完美結合，打破了西方漢學界認為「中國無神話」的慣常偏見。譬如在講述動物紋樣這一章節中，除卻解釋青銅禮器上能溝通天地的動物紋樣時，還列舉了《山海經》中所提到的四方使者們身邊動物的傳說，頗為生動有趣。

縱觀《美術》全書，張光直先生通過對《左傳》、《詩經》、《國語》、《山海經》、《尚書》等文獻中所記載神話的研究，解讀夏商周三代的起源、王朝的建立以及政治制度的完善。在光直先生看來，中國的神話故事充滿魅力，是追溯古代中國文明起源的重要部分，同時也是他引以為豪的民族遺產。

有關對古代中國的理解，很多人都會提出「青銅文化」這一概念，確實，青銅文化為中國古代文明寫下了濃墨重彩的一筆（包括張光直先生另一本專著《中國青銅時代》）。誠如前文所言，若要追溯中國古代文明的起源，神話必是不可忽視的重要因素。夏、商、週三朝均由不同的氏族所建立，然神話的意義就在於使得氏族的存在合理化，成為氏族存在於現世生活的精神支柱。在《美術》中，沿著張光直先生的思路，

---

[2]　近十餘年來，學界研究夏商周之歷史沿革，嘗以《竹書紀年》與龜甲卜辭關於星象變遷的文字入手，結合天文規律，進而辨偽史實或確定文獻中所寫之時間。

我們可以慢慢梳理出神話與古代中國政治之間的關係，即：始祖誕生的神話→氏族的產生→王族的出現（大宗）→分支成小宗族（小宗）→城邑的形成。因此，神話的流傳，顯然有著歷史背景，而決非只是先民們的臆想捏造，因而它是研究古代中國文明不可缺少的一個要素。

藝術史是一門體系龐雜的學科，它涉及美術、雕塑、器物、神話等諸多方面，而《美術》一書巧妙地選取了古代中國文明中最具代表性的一面：神話，並以其為中心，並將其結合美術、祭祀這三個方面來講述古代中國夏商周三代文明史的發展。藉此，張光直先生巧妙而簡單地將夏商周的藝術、政治與文明演進的畫卷鋪展在我們的眼前。

二、不可忽視的巫覡與藝術

談到古代中國的政治統治似乎總離不開祭祀，其中，巫覡是祭祀系統中最不可缺少的角色，因而在上古中國政治中具有核心地位。

在《美術》一書中「薩滿」與「巫覡」、「巫師」通用，指的是能溝通天地的人。縱觀上古三代王朝的創立者，其共有特點就是每個創立者的功德都帶有巫術和超自然的色彩。因而，《美術》指出，帝王就是眾巫的首領。並且列出考古結果證明了這一推論：殷墟甲骨卜辭證明瞭：商王確實是巫的首領。這體現出了巫覡與中國政治的密切聯繫。[3]

《美術》一書第三、四、五章聯繫最為緊密，歸納總結後不難發現：巫覡文化形成的過程中，古代中國的藝術（本書中主要指美術）也隨之而發展。夏、商、周時期是中國青銅時代的主要時期，而青銅器在上古時的中國則是重要的禮器特別是祭器。《美術》描述了一個清晰的祭祀與青銅器關聯的邏輯：統治者維護統治需要借助天的力量→與天溝通需要巫覡→巫覡需要借助祭器以及祭物（動物）→青銅器與動物紋樣被創造出來。

---

[3] 近似研究可參見晁福林：《殷墟卜辭中的商王名號與商代王權》（《歷史研究》，1986年第5期）、童恩正：〈中國古代的巫〉（〈中國社會科學〉，1995年第5期）等等。

　　上古三代時期的美術主要體現在青銅紋飾藝術上面，動物紋樣在此時已變得多樣化，如饕餮紋、肥遺紋、夔紋等等。《美術》一書根據大量的文獻和文物闡釋了動物紋樣的意義：天地（或祖靈及其餘神祗與生者）之間的溝通，要仰仗巫覡；而祭器與動物犧牲則是溝通儀式中的必配之物，當中有些動物能幫助巫覡完成溝通儀式，因而它們的形象便被鑄在青銅禮器之上，它反映了中國上古先民從原始崇拜向政治權力的演進。

　　在《美術》一書中，張光直先生特別提到了「絕天地通」這一出自《國語》的神話。他認為，這則材料為後世認識巫覡文化在古代中國政治中的核心地位提供了重要啟示。可見動物紋樣的產生，美術的發展，離不開祭祀的需要，更離不開統治者的需要。因此，既然商周藝術中的動物是巫覡完成溝通儀式的主要媒介，那麼對帶有動物紋樣青銅禮器的佔有，也就意味著對知識和權力的控制。

　　上古中國文明把世界分為截然分離的兩個層面，比如說天和地，人與神，生者與死者。上天和祖先是知識和權力的源泉，而溝通儀式必不可少的要素則是巫師與巫術，統治者若想要取得絕對的政治權威，則需要掌握這二者並且掌握附屬於他們的藝術、文字等意識形態。

　　因此，自古以來，統治者對藝術、文字、祭器等的佔有，都是起攫取權力的手段，上古三代的文明更是需要從這幾方面來追根溯源。《美術》一書目的乃是作為講義，讓其學生瞭解古代中國政治文明的崛起，但無心插柳柳成蔭，張光直先生卻不經意地打開一扇洞悉中國古代文明演進之門。

　　正因《美術》並非憑藉詰屈聱牙的理論而成書，因此每個章節的內容都採取簡潔的語言進行陳述，但卻言簡意賅，一語中的。與張光直先生的《商文明》、《中國青銅時代》等其他著述相比，《美術》更像是交響樂中的序曲，是瞭解張光直學術思想的一個重要入口。

　　讀罷《美術》一書，自然會感歎張光直先生學貫中西、遊刃有餘的學術風格。他並不拘泥於歷史學、人類學、美術學、民俗學等學科壁壘，而是以問題出發，旨在借助不同學科的方法與觀點，來試圖解決一

個個既成的學術問題。這反映了他所受到的哈佛學術訓練，即人文學科的問題意識（其師Gordon Willey尤其主張歷史學、考古學當以問題為中心）。

無論如何，《美術》應是張先生著述中最為淺顯易懂的一本書，我認為，有人從中看出了張先生的良苦用心，也有人從中窺探了自己的短淺。儘管這只是一本看似並不厚重的「小書」，卻是張光直先生學術思想的精髓。

需要說明的是，《美術》並非是一家之言，而是博采中西眾家之論。並且憑藉大量的文獻資料以及考古成果來進行論證，秉承歷史研究者的態度，力求學術的實事求是與實事求是的學術。

三、金屬資源（青銅）與政治權威

青銅器，是中國上古政治文明中最重要的器物。當時對青銅禮器的佔有，意味著獲得了權力與財富。古代中國曾有「九鼎」的傳說，鼎數的多少代表著地位的高低。《美術》一書對此曾有精妙解讀：九鼎傳說即意味著，佔據這些神聖的青銅禮器目的，在於帝王的統治合法化。藉此，張光直先生圍繞青銅器。詳細闡述了它所代表被賦予的財富、技術的符號學意味，統治者憑藉對其佔有，進而鞏固其政治權威。

最終回到這本書的主題：即古代中國政治權威是如何崛起的？《美術》的最後一章給予了充分的論述。張光直先生從考古史與史前材料的兩個角度進行分析，金屬資源除了鑄造青銅禮器，同時也是兵器（軍事裝備）與用具的主要材料，這是政治權威崛起的最重要的部分，也是統治者財富和榮耀的表現。從廣義上講，它和作為資訊載體的文字（紋飾）、溝通天地的巫術儀式等一樣，都是統治者居於統治地位的政治符號。因此，統治者要先通過對符號的佔有樹立政治權威，而後才能行使政治權力。

因為張光直先生的求學、治學經歷（儘管他曾一度受業於董作賓與李濟先生），其眼光最終會落到西方學界對中國歷史的關注上。而且畢

竟這本書是哈佛大學的講稿，因此無疑會結合若干西方理論來進行對比。《美術》一書的最後，張光直先生列舉了一些西方學者對中國歷史的研究觀點。就此他批判性地提出，在當時，大多數西方社會思想家和歷史學家並未找到合適的手段和方法，來借助兩千多年的文字記載探索陌生的中國歷史，因此對於中國歷史的認識難免片面甚至有偏見。從這些闡述中，我們可以感受到張光直先生的遺憾之情。因而，他也更加努力地致力於北美中國歷史學的艱辛開拓，力圖在東西方之間搭建起一座史學的橋樑。

張光直先生在《美術》中寫到「中國的歷史也同西方一樣驚心動魄，一樣的宏偉壯觀，但人們還沒有把它作為總結普遍規律的研究對象」，若想像著我們正坐在張先生的哈佛課堂上，我想完全可以感受到當時他的豪情萬丈。李零教授回憶張光直先生的文章中曾提到，張光直先生是一個民族情結很深的人。恐怕正是因為強大的民族感情，才會激勵他在背井離鄉的美國，一直心系著中國古代史的研究，並成為哈佛大學中國考古學科創立者的吧？

一個有博大胸懷的學者，其學術胸懷應該是超越國界的。在《美術》的最後一個章節，張光直先生進行了精闢總結：政治權威的崛起與中國古代文明的演進有著密切的聯繫，中國的文物與文獻將會為世界史學理論作出巨大的貢獻。「以中國歷史為借鑒」即表明他已經跳出狹隘的國家主義立場，而是實實在在只是站在歷史學者的角度，為建構全球範疇內的歷史學研究而付諸努力。因此，張光直先生被全世界的史學界公認為一代宗師。

本書的後記是張光直先生增補的一篇論文，我認為這是《美術》一書的閃光之處。張光直先生創新性地提出中國古代文明演進是「連續性」的形態，而西方則是「破裂性」的。他指出：從意識形態上來說，中國古代文明是在一個整體性的宇宙形成論的框架裡被創造出來的，這是有別於西方文明形成的範式。因此，中國文明的發展經驗，不僅僅適用於亞洲，也接近於更多其他民族、國家的文明，它甚至比歐洲的經驗更典型且有著普遍性。張光直先生的良苦用心在後記中展露無遺，他希

望打破「西方中心主義」的歷史觀，給予中國史研究以合適的國際地位，進而讓世界各國史學界都對中國歷史有所重視。

四、結語

掩卷之餘，我對《美術》一書由如下幾點思考：

張光直先生在美國漢學界中地位崇高，《美術》這本書特殊之處在於它是講稿，並非是論文集或是刻意而為的系統專著。因而，它正好可以作為解讀中國文明的敲門磚。

從研究方法上來說，張光直先生本書結合了考古學、神話學、藝術學、歷史學等跨學科知識，利用神話、文物與文獻來研究夏、商、周三代政治權威的形成，進而推演中國古代文明的演進。他並未局限於某一學科的局限，而這在一定程度上影響了其學生，我認為個中代表就是巫鴻教授。[4]

巫鴻教授雖是中國美術史領域內的專家，但其研究風格、態度仍受到張光直先生的影響。在回憶張光直先生的文章，巫鴻教授中寫到，「由於先生的影響，我在哈佛學到的最重要的一點是對方法論的自覺；我對我自己的學生總是強調我們必須同時研究兩個歷史，一個是作為研究對象的古代史，另一個是我們自身所從屬的學術史……」在其代表作《武梁祠：中國古代畫像藝術的思想性》（*The Wu Liang Shrine: The Ideology of Early Chinese Pictorial Art*）、《重屏：中國繪畫的媒介和表現》（*The Double Screen: Medium and Representation in Chinese Painting*）中可以看到張光直先生跨學科、跨文化的研究路徑，因此張光直先生的學術思想影響的深遠不言而喻。

從研究立場來說，《美術》一書是站在相對客觀的立場上來對中國古代文明演進的研究。雖然張光直先生具有深厚的民族感情，但他在學

---

[4]　張光直先生在哈佛的博士還有閻雲翔（現為加州大學洛杉磯分校文化人類學教授），但閻雲翔博士的研究主要在社會學特別是社會人類學的研究上，因而不再本文的探討之列。

術研究上卻冷靜而又客觀，真正做到了論從史出，這是一種崇高的民族主義情懷。因此，《美術》一書在一定程度上給予了後學一種積極、正確的研究態度。而且《美術》一書打破了專業的束縛，放眼於跨學科的綜合。張光直先生不但在人類學、考古學、歷史學等諸多學科造詣非凡，同時他還積極關注科學史的前沿問題，力主用新的科技成果來完善考古學研究。之於中國學界來說，這在上個世紀七、八十年代顯然有著異邦新聲的推動意義。

　　總而言之，《美術》一書建構了政治權威與中國古代（特別是上古）文明之間的聯繫，打破了政治史、藝術史、文明史之間的研究壁壘，不但在北美中國學界有著值得大書特書的開創之功，而且惠澤中國學界，對近十年來中國人文研究以新的啟發，為處於變革期的中國歷史學、人類學與藝術學研究提供了轉型的動力。

現
場

巫道之間：海南齋戲的源流、傳承與再生

季怡雯
新加坡國立大學中文系博士候選人

　　海南齋戲是祭祀儀式性戲曲，然而過去的研究中將其作為與北方儺戲相對應的南方戲曲[1]，未能更詳盡研究其作為一種宗教儀式的定位。本文認為，海南齋戲是一種為民間社會提供儀式服務的地方道教的形式，也即是正一派（火居道士）或釋教道士綜合運用儀式表演與道教音樂為地方信眾提供的儀式服務，其中還糅雜以佛教齋法。本文將會展現海南齋戲的源流與傳承，同時展現它如何通過申報國家級非物質文化遺產在地方與國家獲得新的身分與認可。

　　南宋瓊州瓊山（今海南省海口市轄區）道士白玉蟾《海瓊白真人語錄》記載：

> 巫者之法，始於娑坦王，傳之盤古王，再傳於阿修羅王，複傳於維陀始王、長沙王、頭陀王、閭山九郎、蒙山七郎、橫山十郎、趙侯三郎、張趙二郎，此後不知其幾。昔者巫人之法，有曰盤古法者，又有曰靈山法者，複有閭山法者，其實一巫法也。[2]

白玉蟾的此段論述最早提及了道教中的閭山法，其中閭山九郎、蒙山七郎、橫山十郎、趙侯三郎、張趙二郎都是西南少數民族儺壇的神祇。而粵人尚巫，自《漢書·郊祀志下》即有記載，元封二年（西元前109年）：「既滅兩粵，粵人勇之乃言：粵人俗貴，而其祠皆見鬼，數有效。昔東甌王敬鬼，壽百六十歲。後世怠慢，故衰耗。」乃命粵巫立粵

---

[1] 蒙樂生：《海南齋戲》，海口：南方出版社，2014年。

[2] 《正統道藏·33卷（影印本.ed.）》，臺北：藝文印書館，1962年，第131-132頁。

祝祠，安台無壇，亦祠天神、帝、鬼，而已雞卜。上信之，粵祠雞卜此始用」[3]海南道師王雲光按照祖傳科本位秀英昌明坊撰寫的意文中寫到：「遵行儺於周制，掃蕩沿門；仿逐疫於鄭風，祛除按戶」，可見海南齋戲與巫史一脈相承。

一、海南道教簡史

《海南省・宗教志》記載，「道教於宋代傳入海南，初期在瓊山縣府城鎮。當時有道士劉遁、交幽白雲片鶴，明代有道士周思仁、馮源。」[4]這是官方從依附宮觀修行的道士角度對道教在海南的傳佈作出的梳理。當然，還遺漏了道教南宗五祖，上文所提及的白玉蟾。而在日人小葉田淳記載中，道觀玉皇廟和宋徽宗親筆所書並頒佈的宣和元年〈神霄玉清萬壽宮記〉碑刻至今仍有文物為證。[5]及至民國，陳銘樞《海南島志》雲：「道教之在本島，幾乎無地無只。⋯⋯一般人民崇信道教甚篤。無論超亡禳祭，齋醮祈福，什八九延道士為之」[6]而陳植《海南島新志》也記載：「道教之於本島，相當普及，大多數寺廟均屬之，侍奉寺廟者，謂之道士，惟仍可返家生活，與常人無異。本島人民均信仰之。全島道教徒計達三十萬人」[7]。當時全島人口不過217萬，道教徒就占了14%，比例相當客觀。

根據《海南島志》記載，海南流行的道教為正一教。「羽流不棲道觀，散處農村間，操家常職業，與常人無異。」[8]進一步來說，「每一地方皆有一二先輩道士，稱為師傅。凡學道者，須在道場跟隨學習，師

3　班固：《漢書・郊祀志下・卷二十五下》．北京：中華書局，1962年，第1241頁.
4　海南省地方誌編纂委員會辦公室：《海南省志・宗教志》，海口：南海出版公司，1994年，第486頁。
5　小葉田淳：《海南島史》，臺北：學海出版社，1979年，第77-78頁。玉皇廟現為玉皇三清宮，位於府城鎮灶公廟村村口；宣和禦碑現存五公祠。
6　陳銘樞總纂：《海南島志》，上海：神州國光社，1930年，第206頁。
7　陳植編著：《海南島新志》，北京：商務印書館，1949年，第69頁。
8　陳銘樞總纂：《海南島志》，上海：神州國光社，1930年，第206頁。

傅認為已成業，則為之起道名、給道印、授以道職，然後可出而應世人之請求而營其道業。地方人遂亦信仰之。凡道士有職者，其服裝皆有一定。袍紅而長。博其袖，帽黑頂尖，向前後斜。」[9]

二、研究回顧

（一）道中有佛，佛中有道

在此領域的研究中，研究「民間佛教」與「民間道教」儀式一直難以涇渭分明，可以說是難捨難分。學術界以民間佛教為主軸的研究頗多。首先，香花僧或普安和尚被認為是閩、粵、贛客家人特有的民間佛教徒。具有代表性的著作如李國泰所作《梅州客家「香花」研究》[10]全景式地展現了客家佛教的主要內涵，而李春沐與王馗主要從香花音樂作出了系統性闡述[11]。其次，是閩南釋教的研究，最新近一部專著為楊士賢博士的博士論文書稿《釋教喪葬拔度法事及其民間文學研究》[12]，其對閩南釋教的喪葬儀式及其文學進行了系統性研究。而侯沖2009年對中國佛教儀式及其基於多年搜集的雲南阿吒力僧的資料所作出的突破性研究[13]顯示，民間佛教儀式與道教儀式的比較研究相當重要，兩者具有一定的關聯度。呂志鵬曾指出，根據侯沖的研究，可以認為楊永俊對江西萬載的佛教道士的研究其實和如上所述中國其他地區的民間佛教徒有共同的來源。他們都可以追溯至宋代以來應施主之邀上門從事法事活動的瑜伽教僧（即後來所說的「應赴僧」）。[14]

9　同前注。
10　李國泰：《梅州客家「香花」研究》，廣東：花城出版社，2005年。
11　李春沐、王馗：《梅州客家佛教香花音樂研究》，北京：宗教文化出版社，2014年。
12　楊士賢：《臺灣釋教喪葬拔度法事及其民間文學研究：以閩南釋教系統為例》，臺北：博揚文化出版社，2016年。
13　侯沖：《中國佛教儀式研究——以齋供儀式為中心》，上海師範大學博士論文，2009年。
14　呂鵬志、勞格文：《地方道教儀式實地調查比較研究》，臺北：新文豐出版社，

而當代道教研究主要貢獻之一在於關係道教儀式與法師科儀的關係，即經典道教與地方道教之間的關係。其中與本文關聯最大的則是對廣東正一派喃無道教的研究，黎志添、譚偉倫都研究了廣東的正一派火居道士及其科儀、道觀。[15]

（二）研究回顧：巫道之間

西南少數民族眾多，信奉道教歷史悠久。因此在此選擇回顧西南少數民族與道教的關係，與同樣作為邊疆之地的海南作出一個學術史研究的對比。四川大學道教與宗教文化研究所張澤洪教授近年來致力研究西南少數民族與道教之間的關係。[16]在其專著中提出，西南少數民族是沿襲司馬遷的西南之論[17]傳承至今的一個文化概念，狹義來說，它包括巴蜀西南外的滇、黔及川西南的一部分；廣義來說，川、滇、黔、渝，外延包括廣西、西藏甚至詳細、鄂西、粵北的地理區域。[18]廣義上的西南六省，現有三十四個少數民族及一些待識別族群，占中國少數民族總人數的50%以上。[19]信奉道教的西南少數民族主要是梅山教和茅山教，儺壇還有玉皇教、麻陽教、河南教、湖南教等，都不同程度受到道教影響。[20]

西南少數民族中，最受關注的即瑤族道教。民國時期就對瑤族道教開始了深度的歷史及人類學研究。史學家向達和蒙文通都對西南少數民族與道教的關係做出過研究[21]……本文對此不再贅述。西南邊疆的人類

2013年。

[15] 譚偉倫：〈從粵北英德的「喃嘸」醮儀看民間佛教〉，《民俗曲藝》（第163期），2009年，第71-115頁. 黎志添：《廣東地方道教研究》，香港：中文大學出版社，2007年。

[16] 張澤洪：《文化傳播與儀式象徵》，重慶：巴蜀書社，2008年。

[17] 司馬遷：《史記·卷一百一十六·西南夷列傳》，上海：上海古籍出版社，1996年。

[18] 張澤洪：《文化傳播與儀式象徵》，重慶：巴蜀書社，2008年，第8-9頁。

[19] 2000年，全國第五次人口普查資料，引自同前注，第8頁。

[20] 同前注，第21頁。

[21] 同前注，第25頁。

學研究凸顯出了道教在少數民族地區的影響[22]；而國外學者也對瑤族道教有著濃厚的興趣。[23]1949年之後，對西南少數民族道教，尤其是瑤族道教的研究著述更為豐富。[24]

三、海南齋戲

民國時期是齋戲最興盛的時期，原瓊山縣（今海口市轄區）就有齋戲班社三十多棚。齋戲明清時期流傳下來的劇碼有一百多個，齋樂三百多首。內容有祭祀齋文、歷史傳奇、仙人神話等。根據演出場合和來源可分兩類：第一類是清齋劇碼，是「公期」，（廟會）選演劇碼，如《平安朝》、《五子登科》等；第二類是白齋劇碼，是作濟幽度亡演出的劇碼，如《半夜盲齋》、《三朝齋》等。

（一）源流：喃嘸先生或釋教

根據海南道師王雲光的描述，「海南齋戲出處於佛山」[25]。筆者查閱相關資料後認為此說法有確證史料可依，亦有成熟的學術研究可以佐證。

清人沈自南《藝林匯考》卷十二：「今道士之有家室者，名為火居道士。」[26]火居道士與全真派道士的分別在於，他們不依附宮觀修道，平時住在家中，只有應主人家邀請才穿上道袍前去做法事。[27]儘管黎志添未能考證「喃嘸先生」的來源，但他認為起源不會在清代同治以前，根據清代地方誌記載好像與師巫傳統有些關係。「喃嘸」出自好像是道

---

[22] 同前注，第25-26頁。

[23] 同前注，第30-31頁。

[24] 同前注，第31-34頁。

[25] 王雲光：《海口群文（2）》，2011年，第12頁.

[26] 沈自南：《藝林匯考·卷十二·稱號篇（國立中央圖書館藏本）》，臺北：學生書局，1977年，第369頁.

[27] 中國道教協會、蘇州道教協會：《道教大辭典》，北京：華夏出版社，1994年，第322頁.

士在誦念經時低語聲的樣子。[28]

在黎志添的研究中，他認為民國初年以前，「喃嘸先生」更多被稱為「喃巫」。胡吉甫記錄有順德縣風俗：「我邑順德縣風俗，每夏曆正月間，有舉行贊星習慣，以保家一年平安。現在曆書上擇一吉日，延請道士（俗名喃巫[先]生）回家祈禱，在夜間七八時舉行。」[29]因此，「喃嘸一俗名來稱呼鄉鎮地區導師的叫法，應該是在民國以後才開始流行於廣東附近的鄉縣，主要地區包括廣州、番禺、順德、東莞、三水、南海、肇慶等粵地區。」[30]這裡，「喃嘸先生」說法流行的區域恰好與清朝至民國佛山主要的行政轄區交疊。黎志添的研究還指出，這種叫法與道教法派沒有歷史關係，那是道教以外人士對火居道士的貶稱，具有取笑之意。[31]綜上所述，可見喃嘸先生可能是海南齋戲道師的師承來源，這一說法確鑿可信。

另外，根據祖傳道師家族馮宗讓家中所藏其祖父的職牒[32]，載有「元始一炁萬神雷司」「釋教傳度法壇」「元始傳度法壇」，可以推測海南的道師來源亦有可能為閩南釋教。

那麼，這些火居道士或者釋教道士，究竟如何進行自己的科儀？如何傳承自己的法脈呢？後文試從其壇場科儀、科儀格式、傳度儀式三方面來進行解析。

（二）壇場科儀

依據《海南百科全書》[33]所記載的超度亡魂壇場科儀醮壇的設立如下：木柱設壇，高處供奉玉皇大帝，象徵天界；兩旁懸掛鬼類圖像，象

---

[28] 黎志添：《廣東地方道教研究》，香港：中文大學出版社，2007年，第129頁.

[29] 胡吉甫：〈贊星之儀式及咒語〉，見於周康燮主編：《廣東風俗綴錄》，香港：崇文書店，1972年，第157頁。

[30] 黎志添：《廣東地方道教研究》，香港：中文大學出版社，2007年，第131頁。

[31] 同前注，第132頁。

[32] 蒙樂生：《海南齋戲》，海口：南方出版社，2014年，第112頁。

[33] 轉引自倪彩霞：《道教儀式與戲劇表演形態研究（第1版）》，廣東：高等教育出版社，2005年。

徵地獄。兩側都奉齋主家的神主牌，前設香爐、供品。而根據2011年海口市群眾文藝館申報海南齋戲為第三批國家級非物質文化遺產的《海南齋戲》資料片中所載，海南齋戲的醮壇設立是「佛幅高掛，紅燭高燒，香霧繚繞，設立案香。其間立著北極星道主玄天真武上帝及仙師神位，菩薩排次。案上共有符籙、科書、果品」。倪彩霞記錄21世紀初年記載的超度亡魂壇場科儀作醮的流程為：（一）上表；（二）到城隍廟領通行票；（三）到江河放水燈；（四）上刀山、下火海；（五）召魂。

（三）科儀格式

科儀主要內容

　　根據道齋科本通常演出的道齋內容有四大類，分別是五壇鎮龍、五壇平安、中元賑濟、超度亡魂四大類。五壇鎮龍的目的是：為了補實掘挖損傷之龍脈，譬如建樓房、建水塔等深挖之類的動作，已損壞了部分豐水，要求安鎮與穩定風水，清淨人畜之落血，墮胎之穢汙。五壇平安的目的是：為了鄉村消災減難，祈禱福祉，降福降祥於人間，和諧社會。使其人人出入平安順利。中元賑濟的目的是：救濟陰陽二類冤枉冤屈之人物，在社會上無依無靠的鰥寡孤獨、盲啞跛聾、無嗣無煙的人物，給它們分穿分食，等於現今政府民政部門的工作，生人，死者均在此齋獲利，當地附近無依無靠的窮民，可在此時獲得食宿及分得適量的現金。[34]

　　齋戲科儀是二元結構的：即陰事-幽醮與陽事-清醮，幽醮是幽齋，主要為死人而作，主要目的是社招亡魂、沐浴渡橋、破獄破湖和施食煉度。而清醮是清齋，主要是為生人而作，主要目的是祈福謝恩、祛病延壽、祝國迎祥，祈晴禱雨、解厄禳災和祝壽慶賀。

---

[34] 王雲光：《海口群文（2）》，2011年，第12頁。

科儀本

根據存留的道齋科本記載，海南齋戲可以推測有近四百年的歷史。目前已尋覓到的清朝齋科本有康熙十一年（1672）、乾隆丁未年[35]（1787）、嘉慶九年（1805），木版印刷則有乾隆十年（1745）的古刻版，還有許多標明不清年號的書本。[36]其中最早的齋戲經書善本《樓臺開啟》見於清乾隆丁未年（1787）。

目前王雲光道師保留的經書有《宿啟大朝科儀》、《清齋三九朝早朝科儀》、《清齋三九朝午朝科儀》、《清齋三九朝晚朝科儀》、《幽齋三九朝轉經科儀》、《淨壇朝科儀》、《迓駕朝科儀》、《土皇朝科儀》、《五壇朝科儀》等數十種善本。而馮宗讓道師保留有數十冊祖傳齋戲善本，以「萬州紙」小楷繕寫而成。這些善本中具有代表性的有《禳星演通朝儀》（清乾隆二十年，1755，馮曉卿傳錄），《無量度人經》（清道光二十四年，1844，馮光甫修錄），《祈禳化壇捲簾文》（清同治九年，1870，馮法真傳錄），和《上清寶籙濟度大成金書第十九卷》（清同治十三年，1874）。[37]

下文錄入〈齋場斟酒文〉、〈衛靈咒〉、〈大灑淨〉三個代表性醮文為例展示科本的內容。

〈齋場斟酒文〉是對神明的敬酒詞：

> 先進清茗　梵音贊獻　法眾皈依　酒陳　酒陳進獻　穀雨一聲雷
> 蒙頂流爭魁　甌中銀浪湧　盞內雪花飛　法眾皈依　酒陳　酒
> 陳初獻　綠蟻泛金波　竹葉更流霞　神威來盼向　頃刻到仙家
> 法眾皈依　酒陳　酒陳亞獻　再酌壯威嚴　神馭駐金鞍　挾山超
> 北海　駕景達封緘　法眾皈依　酒陳　酒陳終獻　三酌盡精虔
> 金波映碧天　倏忽人間遠　須臾達帝軒

---

[35] 筆者注，乾隆五十二年。

[36] 王雲光：《海口群文（2）》，2011年，第12頁.

[37] 蒙樂生：《海南齋戲》，海口：南方出版社，2014年，第112頁.

〈衛靈咒〉表達對神的賀詞，讚頌神明對人們的施恩布德。此版本〈衛靈咒〉與〈靈寶領教濟度金書〉[38]卷一一所載〈五方衛靈咒〉、〈三日九朝衛靈咒〉、〈一日三朝衛靈咒〉、〈五方總咒〉、〈五星都咒〉、〈旋璣齋衛靈咒〉等皆不相同：

> 天官賜福　九炁齊並　紫嶽正位　太極司權　上元校錄　功過無偏　舉仙定職　會錄諸仙　陽光下濁　兆庶蒙恩　消災降福　保命延生　地官赦罪　七炁化生　豁提武庫　繞禦八弦　中元注籍　詳業除禦　九幽罷對　三府流恩　靈光煥照　吉祥日臻　飛潛利益　慶品長亨　永鎮坤載　億劫自然　水官解厄　五炁流行　司權賜穀　住在淵源　江海果品　水府靈官　下元定籍　賞善除愆　真官下降　蠢動成全　散厄消禍　福德同臻　扶桑安鎮　解厄自然

〈大灑淨〉是齋戲中用法水灑淨洗滌道場及信眾身心的意思，其部分即道教淨壇所用的〈淨天地神咒〉：

> 香官法水　灑淨道場　玉清聖境敕　三寶大慈力　三光降真炁　威光辟穢室　九鳳真官行　合明天地日　急急天地自然　穢炁散氛　急如律令　洞中玄虛　晃郎太玄　八方威神　使我自然　靈寶符命　普告九天　幹羅怛那　洞罡太玄　斬妖縛邪　殺鬼萬千　中山神咒　元始玉文　吾誦一遍　卻鬼延年　按行五嶽　八海知聞　魔王束首　侍衛我軒　凶穢消散　道炁長存　急急如律令

法器與威儀

目前海南齋戲中道師的法器主要是，寶劍、手爐、朝笏、雷令、法繩（蛇形）和金盅。海南齋戲道師的道冠為褐色，有紅色與黑色兩種色

---

[38] 《正統道藏：208-264卷（影印本.ed.）》，臺北：藝文印書館，1962年。

彩的道袍。黑袍的品階較高，即高功法師所著。

（四）傳度儀式

齋戲的傳承自由譜系，根據記載有吳乾恩、王益泰、周亨范、吳才運、王美桂、吳莊英、馮家訓、馮家惠、馮家禮、吳所能、王公成、王公賢、周元參、譚大春、譚定清、符禮榮、彭大義、吳高標、林清高、吳坤孝等等。吳才運先生、符禮榮先生都是善作齋戲意文的名師。著名的戲曲演奏家譚大春在省劇院也有很大的知名度，吹嗩吶高手周元參在走串花燈時可以吹雙嗩吶，著名男化旦角吳慶英，記憶多能，所當的角色喜怒哀樂樣樣俱全，出場表演樣樣精彩，使觀眾啼笑皆非，讚歎不已。王益太師傅（主角王濟光之父），整裝上場，威武莊嚴，舉止大方，手持寶劍，行罡不鬥，技藝超群，在雄壯的鼓樂聲中大顯身手，場場出現觀眾總是讚不絕口。可與瓊劇名聲相比美。[39]

在海南遵譚鎮道師中，印銜分為一、二、三、四級，即上清三洞，上清大洞，正一盟威與都公預備級等[40]。具體記載的道士總計33人，上清三洞品階有1人，上清大洞品階有7人，正一盟威品階有23人，都公預備級有1人，另有太上三洞1人，詳見下表一：

表一　海南遵譚鎮道師印銜

印銜	姓名	級別
上清三洞寶籙九天金闕大夫通判神霄同行三界事臣	王道志	一
上清大洞寶籙九天金部尚書兼授蓮宗奏通三界事臣	吳道光	二
上清大洞寶籙九天金部尚書兼授蓮宗奏通三界事臣	吳佛真	二
上清大洞寶籙九天金部尚書兼授蓮宗三界諸司事臣	王道行	二
上清大洞寶籙九天金部尚書通三界莒茆諸司院事臣	王道興	二
上清大洞寶籙九天金部尚書兼授蓮宗三界諸司事臣	王道顯	二
上清大洞寶籙九天金部尚書兼授蓮宗奏通三界事臣	王法高	二
上清大洞寶籙九天金部尚書通三界莒茆諸司院事臣	李法光	二

---

[39] 王雲光：《海口群文（2）》，2011年，第12頁。
[40] 王雲光：《海口群文（2）》，2011年，第13頁。

正一盟威經籙清微弘道仙卿兼蓮法茆通行諸司事臣	王法明	三
正一盟威經籙九天金闕大夫兼授茹萊同行三界事臣	彭道法	三
正一盟威經籙九天金闕籙史通行三界管南泉諸司事臣	王法吉	三
正一盟威經籙九天金闕籙史通行三界管南泉諸司事臣	黃玉香	三
正一盟威經籙九天金闕籙史通行三界管南泉諸司事臣	吳道先	三
正一盟威經籙清微弘道仙卿兼蓮法茆通行諸司法院事臣	周道高	三
正一盟威經籙清微弘道仙卿兼蓮法茆通行諸司法院事臣	李道高	三
正一盟威經籙清微弘道仙卿兼蓮法茆通行諸司法院事臣	林道高	三
正一盟威經籙清微演化仙卿判陰陽管三界諸司事臣	張道利	三
正一盟威經籙清微明道仙卿判通三界兼莒茆諸司事臣	吳道真	三
正一盟威經籙玉堂明道仙卿兼授蓮宗奏通三界事臣	林法高	三
太上都功經籙九天闕籙史通行三界管南泉諸司事臣	吳法三	四
太上三洞寶籙九天經闕籙史茹萊判陰陽諸司事臣	王道玉	不詳
正一盟威經籙清微侍籙上卿兼蓮法茆通三界諸司事臣	王道明	三
正一盟威經籙九天金闕大夫統判陰陽諸司府院事臣	吳高興	三
正一盟威經籙清微弘道仙卿兼蓮法茆通行諸司法院事臣	周道玄	三
正一盟威寶籙神宵理部吏部尚書總管陰陽諸院事臣	林道清	三
正一盟威經籙玉史通行三界判陰陽兼南泉諸司院事臣	陳法明	三
正一盟威經籙清微贊教仙卿兼莒茆行使諸司府院事臣	陳法真	三
正一盟威經籙九天宣化仙卿統判陰陽南北三院事臣	王道法	三
正一盟威經籙玉史通行三界判陰陽兼南泉諸司院事臣	邱法雄	三
正一盟威經籙九天金闕通行三界上卿諸司府院事臣	鄧法真	三
正一盟威經籙清微弘道仙卿兼授茹萊諸司法院事臣	王道仙	三
正一盟威經籙玉堂明道仙卿兼授蓮宗奏通三界事臣	彭道興	三
正一盟威經籙清微宣化仙卿統判陰陽諸司府院事臣	王道真	三

上述所記載的上清三洞，上清大洞，正一盟威與都公都是籙名。籙為「記錄」，是道教的符書，道士入道的憑信，也是法師行法的依據，受籙是學法的必經途徑。[41]魏晉南北朝以後，道教各道派形成了參授各派符籙的風氣，正一、清微、靈寶三派符籙一次殘守可以形成在道門修行的階次。《三洞修道儀》中記載的道教三洞修道受籙的階次是：出入道

---

[41] 張澤洪.（2008）.文化傳播與儀式象徵.重慶：巴蜀書社，第429頁。

授正一盟威籙二十四品，洞神部導師授金剛洞神籙，升玄部導師授太上升玄籙，中盟洞玄部道士授中盟籙，三洞部道士授三洞寶籙，大洞部道士授上清大洞寶籙。[42]

　　道師道號的傳承亦有依據。海南解放前，萬泉鎮雞屎山村人李家松廣收徒弟，開設齋班九屆，每班十九人，故而傳承九個道號，分別為「樂」、「英」、「錦」、「桂」、「梧」、「瓊」、「南」、「永」、「聲」。[43]

　　目前中國政府禁止民間受籙，龍虎山、茅山正在逐步恢復其許可的官方受籙，在海南民間可以見到的民間受籙傳度儀式則是非常珍貴了。[44]在蒙樂生的記載中，他曾詳細記載了一次傳度儀式。傳度者是王明德，受傳人是其孫子王泰山，時間為2012年5月24日。度職程式為（一）設壇；（二）法師登壇；（三）傳度；（四）受職發牒。[45]

（五）齋戲音樂

　　齋戲樂具包括了嗩吶、春邦、調法、二胡、椰胡、竹蕭、喉管、月琴、秦琴、木魚、月鑼、雙面鼓、草子擦、碰盅等。許多都已失傳，目前常用的是：嗩吶、二胡、月鑼、雙面鼓、金盅等。海南齋戲都是用海南島方言演唱，押海南話音韻。早期唱腔僅有齋調、歌謠，後吸收了其他劇種板腔，常用的有中板、程途、數位版等十多種。其俚腔俚調唯觀眾耳熟能詳的不過十幾韻，即因根藤，應生靈，翁松郎，央商梁，換山欄，亦聲情，汗字魯，歐蘇爐，花裝羅，音心林，溫尊化，哀哉來，伊機啼等。

　　民國時期保留下來的齋戲音樂手抄本就有100多首，如《六國封相》，《仙姬送子》，《大開門》，《大武喉》，《叩皇天》，《萬花燈》，《送京娘》，《沾美酒》，《遇仙女》，《三清曲》，《花仙

[42] 張澤洪. （2008）. 文化傳播與儀式象徵. 重慶：巴蜀書社，第433頁。

[43] 蒙樂生：《海南齋戲》，海口：南方出版社，2014年，第112頁。

[44] 民間受籙研究參見呂鵬志：〈贛西北發現的天師經籙〉，《世界宗教研究（3）》，2015年，第89-103頁。

[45] 參見蒙樂生：《海南齋戲》，海口：南方出版社，2014年，第112頁。

子》，《求佛》等。

齋戲的角色行當，早期僅有先伯公（祭崇人）、徒弟、丑角等，後根據劇情的需要增加了生、旦、淨、末、醜。唱腔上，早期僅有齋調、歌謠，後吸收群眾熟悉的其他劇種板腔，常用的有中板、程途、數位板等十多種。齋戲的表演有傳統的淨壇、佛塵、進香、跳神、走馬、登殿、獻禮等祭祀程式，後發展到有步法、指法、扇法等五十多種。

四、再造「海南齋戲」

2006年可被視作民間信仰正名為「非物質文化遺產」的元年。「2006年以來的全國性的非遺普查與申報，再次借助西方話語，完成了將地方民間信仰正名化為非物質文化遺產的文化啟蒙」。[46]陳志勤、王立陽和王霄冰分別通過「大禹祭典」「保生慈濟文化」[47]、「媽祖文化」[48]記錄了民間信仰從民眾的日常生活，在地方角力下成為國家公共文化的過程。

2011年海南齋戲被評為國家級非物質文化遺產[49]，並在鎮內東譚村靈山祠（六神廟）設立了海南齋戲傳習所。「海南齋戲基本是道家弟子傳統性的承接」[50]，本為火居道士或釋教僧人，海南齋戲的主角們通過申報國家級非物質文化遺產在地方獲得新的身分與地位：

隨著我市非遺保護工作的步步深入，海口市非遺保護中心加大力度對全市各級保護名錄採取多種不同形式的保護措施，收到了顯著成效，特別是通過辦班培訓、技藝交流以及成果展示等方面，效果尤為突出。

---

[46] 吳真：〈從封建迷信到非物質文化遺產：民間信仰的合法性歷程〉，見金澤、邱永輝：《中國宗教報告.北京：社會科學文獻出版社，2009年。

[47] 梁超、李向平：〈非物質文化遺產與民間信仰研究〉，《河南社會科學》，2014（12），第86-91頁。

[48] 王霄冰、林海聰：〈媽祖：從民間信仰到非物質文化遺產〉，《文化遺產》，2013（06），第35-43+157-158頁。

[49] 國務院關於公佈第三批國家級非物質文化遺產名錄的通知. (n.d.). Retrieved November 25, 2016, from http://www.gov.cn/zwgk/2011-06/09/content_1880635.htm

[50] 王雲光：《海口群文（2）》，2011年，第12頁.

「海南齋戲」於2010年[51]被國務院批准文化部確認為「全國第三批非物質文化遺產國家級名錄」，這是我市第二批申報項目中唯一被認定為國家級第三批保護專案。為使「海南齋戲」得以切實、有效的保護和傳承，海口市非遺保護中心於9月7日在遵譚鎮「海南齋戲」傳習所舉辦齋戲階培訓班，第一期培訓內容主要由市非遺保護中心聘請專業老師給學員指導「臺步」規範動作及「扇子」技巧，參加培訓的四十多名學員中，除了代表性專案傳承人外均為各個齋戲隊伍的隊員。

齋戲培訓班將在學員熟練掌握第一期課程之後進入第二期培訓，培訓內容主要由代表性傳承人傳授齋戲相關技藝。[52]

海南齋戲在與上述民間信仰有著相似的歷程，在地方和國家的權力裹挾下成為了大眾文化的代表，宋元遺音的留存和民間藝術的集大成者。由於過去，民間宗教等同於封建迷信，在申報中海南齋戲的道教的因素被淡化。儘管舊的張力依舊存在。為符合國家利益，海南齋戲在國家和地方的庇護下形成一種新傳統。

五、總結

本文通過詳細研究海南齋戲的歷史源流、科儀、傳度、音樂等方面詳細展現了其與道教之間的關聯。本文認為海南齋戲是一種儀式劇，其與道教儀式從出一脈。而在其中也可以看到道中有佛，以及其與民間信仰存在千絲萬縷的關係。最後，通過海南齋戲與道教關係的解離，我們可以看到當代中國的「民間信仰」通過「非物質文化遺產」正在重新正名，其背後是符合國家與地方利益二者共同起著推動作用。

---

[51] 筆者勘誤，應為2011年。
[52] 參見海口市群眾藝術館. (n.d.). Retrieved November 25, 2016, from http://www.yishuguan.com/d/162

歷史

神性與迷狂：論王莽的信仰

曾建華

揚州大學文學院助理教授

對於王莽，我們多受班固《漢書》影響而持否定態度。事實上，王莽及其時代遠比我們想象的複雜。對此親歷其事的桓譚倒是頗有心見：「王翁嘉慕前聖之治，而簡薄漢家法令，故多所變更，欲事事效古，美先聖制度，而不知己之不能行其事。釋近趨遠，所尚非務，故以高義退致廢亂，此不知大體者也。[1]」當今學界的態度也多緣此而來，比如閻步克先生即認為：「王莽變法乃是西漢一二百年間漢儒『奉天法古』之意識形態發展的必然結果。……換言之，王莽「新政」，即儒家意識形態支配之『政』。[2]」然而，古今學者雖然看到了作為儒生王莽及其變法的失敗，卻忽視了政治神學與神仙觀念所構成的時代語境。周知，讖緯、符命與陰陽五行等時代觀念共同構成了漢帝國強大的政治神學，其與不斷湧現於民間的神仙觀念逐漸融合，進而主宰了西漢末年以來的意識形態，成為促成并摧毀王莽及其改制的內在力量。對此，我們可從以下三個方面進行分析。

一、「神性」的初構：時代聖徒王莽

從史冊所載有關王莽的事跡看，王莽的本色其實只是一名崇尚往古聖賢的儒生。在38歲（綏和元年，公元前8年）展露頭角之前，王莽的

---

[1] （漢）桓譚撰，朱謙之校輯：《新輯本桓譚新論》，北京：中華書局，2009年，第13頁。

[2] 閻步克：〈王莽變法前後知識群體的歷史變遷〉，《社會科學研究》，1987年第2期，第50頁。

言行都堪稱儒者表率。儘管，在受叔父王根之命告發表兄淳於長的事情上，史家對其略有爭議，但其擔任大將軍輔政期間的恭儉禮讓，也有目共睹、有口皆碑。比如，在與哀帝集團的抗爭中，王莽很少考慮一己私利或王氏集團的利益，而是以群儒領袖自居，大有為天下開太平的宏大理想。一個突出的事例，即王莽屢屢「冒犯」丁、傅二后，并因此一再遭受貶謫，甚至連爵位、性命也幾乎丟掉，幸賴年高勢大的姑母王政君在朝，才保住了東山再起的機會[3]。這對於一向謹慎的王莽來說，並非為了博得一個忠正的虛名，或是如一般史家所謂的維護王氏集團的利益。據史載，傅太后主政後，不僅操縱哀帝沉重打擊王氏勢力，而且將孔光、師丹甚至傅喜（傅太后堂弟）等儒臣免職，直接波及了當時名儒張禹、李尋等人。於此同時，丁、傅二氏急於擴張勢力，濫用無德的循吏，以至到了不成體統的地步。因此，王莽與傅太后集團的鬥爭已不是單純的權力鬥爭，「而帶有儒生與循吏對立的性質，變成為知識分子與外戚、文吏的衝突了。」[4]退一步說，如果王莽是一個早有篡位之意的奸猾之徒，自會在這場衝突中保存實力，而不至於做出如此以身犯險的不智之舉。顯然，王莽在迷失於讖緯神學之前確實具備儒家的耿直品質和君子人格，他的諸多善行（如救濟貧弱、推舉賢良、拒絕封賞、復興儒教等等），也是對古往聖賢的真誠效法——這種效法無所不在，即便是冷酷處死兒子以及懷孕的兒媳也是為了效法唐堯、周公「不以親親害尊尊」的儒家禮制[5]。正因為此，對王莽充滿偏見的班固也無法迴避這樣一個事實：王莽在輔佐哀帝期間幾乎得到朝野上下直臣、名士和儒生們的一致讚譽和推舉，僅《漢書·王莽傳上》所載述「群臣」、「諸侯、王公、列侯、宗室、諸生、吏民」[6]為王莽上書請命的內容便多達

---

[3] 詳參（漢）班固：《漢書》，北京：中華書局，1962年，第4039-4043頁。

[4] 葛承雍：《王莽新傳》，西安：西北大學出版社，1997年，第28-29頁。

[5] 對於王莽的善行，「文雅博學」的張竦與大司馬司直陳崇兩人在其言情並茂的奏疏（張竦起草，陳崇上奏）中說得極為明白。至於王莽誅殺兒子、兒媳的「暴行」，情況就要複雜得多，至少在當時是被作為大公無私的崇高德行來宣揚的。事載《漢書·王莽傳上》。詳見《漢書》，第4053-4063及4065-4066等頁。

[6] 同注3，第4071頁。

二十餘處（此中尚不包括班固所謂由王莽所「風」、「使」者）。如陳崇、張竦、泉陵侯劉慶等在上書中甚至毫不避諱地將王莽比作周公，要求春秋正富的哀帝授權王莽「行天子事」。這些看似誇張的「吹捧」，在「公卿咸感公德，同盛公德，皆以周公為比」的集體語境中不僅未受到任何質疑，反而使得朝野上下處處響起「宜如（劉）慶言」的異常歡呼[7]。

與此同時，作為安漢公的王莽在對內、對外的種種舉措上，也都表現出一個大公無私、精明強幹的政治家的才能，其「治明堂，宣教化」，「既致太平，北化匈奴，東致海外，南懷黃支，唯西方未有加」[8]，開創了整個漢代都極為少見的太平盛世。平帝元始五年，在朝野上下的一致請求下，王莽以「助祭」之由獲加九錫之尊，王太后特以平帝口吻親下詔書表彰其不世「神功」，書曰：

> 輔朕五年，人倫之本正，天地之位定。欽承神祇，經緯四時，復千載之廢，矯百世之失，天下和會，大眾方輯。《詩》之《靈台》，《書》之《作雒》，鎬京之制，商邑之度，於今復興。昭章先帝之元功，明著祖宗之令德，推顯嚴父配天之義，修立郊禘宗祀之禮，以光大孝。是以四海雍雍，萬國慕義，蠻夷殊俗，不召自至，漸化端冕，奉珍助祭。尋舊本道，遵術重古，動而有成，事得厥中。至德要道，通於神明。祖考嘉享，光耀顯章。天符仍臻，元氣大同。麟鳳龜龍，眾祥之瑞，七百有餘。遂制禮作樂，有綏靖宗廟社稷之大勳。普天之下，惟公是賴，官在宰衡，位在上公。今加九命之錫，其以助祭，共文武之職，乃遂及厥祖。於戲，豈不休哉！[9]

作為姑母，王太后的盛讚未免有些誇張，但在信息閉塞的時代，沒有任

7　同前注，第4057、4069、4078等頁。

8　同前注，第4077頁。

9　同注3，第4073-4074頁。

何一種話語可與帝王詔書媲美。因此，王莽的美行經過國家機器的宣傳和各類輿論的渲染後，便理所當然成為時代道德的典範，成為不可質疑的神話[10]。只不過，這一切，都被處身於歷史語境之外的班固籠統地斥作「上以惑太后，下用示信於眾庶」的虛偽行為[11]。於是，我們很容易忽略這樣一個事實：王莽被推上神壇，不僅是當時種種勢力的選擇，也是其內心極度渴望「神聖」的結果。比如王莽的種種看似違背人性的極端「善行」便是這一「神聖」語境下的必然選擇[12]。因為自戰國以來，崇信鬼神的儒生無不堅信「至誠」足以感動上天，得到天命鬼神的護佑，成為實至名歸的聖人。而無數事實足以證明，極端行為對於古今中外狂熱的宗教徒而言常常是自然不過的事情——王莽正是漢代社會極為少見的虔誠儒教徒之一。換言之，極度崇信天命鬼神的王莽在一個神學風氣日盛的時代，在一群狂熱祈盼「聖人」的集體話語中，終於化身為儒教上古理想的聖徒[13]。

隨著平帝的離逝[14]，漢室出現「國統三絕」的「異常」局面，人們更加相信漢祚將衰，土德將至的神祕預言。恰在此時，劉崇、張紹、

---

[10] 王莽的政績與名望，在當時可謂前無古人後無來者，如同「神」一般，就連成見極深的班固也不得不讚歎：「孝平之世，政自莽出，褒善顯功，以自尊盛。觀其文辭，方外百蠻，亡思不服；休徵嘉應，頌聲並作。（《漢書・平帝紀・贊》）」見《漢書》，第360頁。

[11] 同注3，第4046頁。

[12] 對王莽性格、命運及所處時代語境的客觀分析，還可參看閻步克：〈王莽變法前後知識群體的歷史變邊〉，《社會科學研究》1987年第2期，第49-57頁；葛承雍：〈王莽新傳〉，西安：西北大學出版社，1997年，第1-17章；葛劍雄：《我看王莽》，《讀書》1997年第10期，第48-57頁；徐俊祥：〈從孔子到王莽——儒家外王理論在漢末的失敗〉，《揚州大學學報（人文社會科學版）》1999年第1期，第57-63頁。

[13] 其實當時不乏清醒者，比如瑯琊公孫閎據實稟報所轄地區的天災人禍，廣平郡國相班穉拒絕上呈「嘉瑞歌謠」。然而，在一片狂熱的頌聲中，理性的聲音太過微弱，甚至被視為「嫉害聖政」的禍心罪行，公孫閎被下獄，班穉被降職便足以說明問題。

[14] 不少史家都認為平帝為王莽鴆殺，實則缺乏有力的證據，也經不起邏輯的推敲。事實上，崇信天命鬼神、自命周、孔的王莽是不可能做出這樣的「悖亂」行為的。對於這一點，葛承雍先生在《平帝之死》中分析得頗為中肯。見葛承雍：《王莽新傳》，西安：西北大學出版社，1997年，第85-88頁。

翟義以及張充等人相繼「叛亂」，為王莽完成「質變」提供了最後的力量[15]，而這次事件也成為其人生的重要轉折。正如美國學者畢漢斯所言，「王莽輕而易舉地擊敗了起義者，而且實際上所有的官員都接受他的領導，這必定是他人生事業的轉折點，使他相信道德敗壞的漢室已經失去了一切支持。使他與同時代的人一樣，不但相信天命，而且相信五行（木、火、土、金、水）的依次接替；每行各與方向、顏色和動物互有關係。[16]」而後來的事實足以證明：在群體性的信仰語境中，極端之善往往成為萌生極端之惡的溫床。因此，王莽踐祚後的種種「改制」，從某種程度上正是其對早期「神聖」理想的確認和踐行。

二、「神性」的踐行：儒教使徒王莽

自周人「神道設教」的統治理念與戰國陰陽五行觀念相結合以後，人們便普遍認為：真正的君王應當受命於天，且會伴隨許多祥瑞，以此昭示其統治符合陰陽五行的運行週期，足以與神明相通相感，得到諸天鬼神的福佑。反之，君王若是失德，上天就會降下災異，天命亦會隨之轉移到新的人選。因此，一個政權只有在充滿德性和神性的真命天子的領導下，實施尊神、敬天的禮制，才能具備合法性，成為宇宙秩序的有機構成，實現天、地、人三者關係的和諧。[17]王莽對此無不持真誠的信仰，并以儒教使徒自設，踐行著往古聖賢的理想。

首先，踐行「神德」以施復古惠民之政。由於哀帝統治期間任用無能的外戚、循吏，盲目奪權，無顧民生，以致地方豪強勢力趁機兼併土地，大蓄奴婢。加上兩年天災，民怨沸騰，漢帝國的權威降至谷底。公

15　同注3，詳見第4082、4087-4088、4095等頁。

16　（美）畢漢斯：〈王莽，漢之中興，後漢〉，載（英）崔瑞德、魯惟一：《劍橋中國秦漢史》，北京：中國社會科學出版社，1992年，第245頁。

17　對此，董仲舒《春秋繁露》之《王道》、《立元神》、《三代改制質文》以及班彪《王命論》等都有所論述。分別見：蘇輿撰，鍾哲點校：《春秋繁露義證》，北京：中華書局，1992年，第100-104、169-170、183-212頁；《漢書》，第4208-4212頁。

元前3年（哀帝建平四年），關東民眾以「歌舞祠西王母」為藉口，一路西進，直抵京師，引發了持續將近半年的群體性宗教事件[18]。至此，人們對漢祚發生了深刻的質疑，而「五德終始說」和「三統說」等政治神學則隨著讖緯之風得以廣泛傳播。更為吊詭的是，成帝、哀帝、平帝皆短命無嗣，從而進一步「應驗」（事實上，這僅是歷史的巧合）了某些方士化儒生所宣揚的漢運將終的傳言[19]。對於這一點，推崇復古和符瑞的王莽自是深信不疑，他的全部政治舉措，如行井田、釋奴婢、革幣制等基本都是以復古順天為宗旨，真誠地渴望踐行古聖先賢的「惠民」之策。

其次，在神仙、符命的「啟示」下走上天子之位。成哀之世，神仙風氣盛行，燕齊方士異常活躍，他們與秦皇漢武以來的方士一樣，都有一個共同的特徵，即專門窺伺當權者的欲求，為之製造亟需的祥瑞，借機為自己謀求最大化的權利和富貴[20]。比如公元6年12月，平帝突然駕崩，朝野上下各類傳聞紛紛揚揚。於是，方士們抓住時機，「前輝光謝囂」為王莽進獻了第一道符瑞，「奏武功長孟通浚井得白石，上圓下方，有丹書著石，文曰『告安漢公莽為皇帝』」。但兀自清醒的王政君當即識破了居心不良者「誣罔天下」的陰謀，認為斷然不可信從，只是迫於太保王舜（王莽之弟，為人忠厚謹慎）等人的請求，才不得不退讓一步，下詔命王莽「攝行皇帝之事」以應符命、輔漢室。詔書下達之

---

[18] 同注3，詳見第342、1311-1312、1476頁。

[19] 成哀時期，宣揚天命改元等觀念最具影響力者，莫過於齊方術士甘忠可和夏賀良。據《漢書·眭兩夏侯京翼李傳》：成帝時，齊人甘忠可詐造天官曆、包元太平經十二卷，以言「漢家逢天地之大終，當更受命於天，天帝使真人赤精子，下教我此道。」忠可以教重平夏賀良、容丘丁廣世、東郡郭昌等。中壘校尉劉向奏忠可假鬼神罔上惑眾，下獄治服，未斷病死。賀良等坐挾學忠可書以不敬論，後賀良等復私以相教。哀帝初立，司隸校尉解光亦以明經通災異得幸，白賀良等所挾忠可書。事下奉車都尉劉歆，歆以為不合五經，不可施行。而李尋亦好之。光曰：「前歆父向奏忠可下獄，歆安肯通此道？」時郭昌為長安令，勸尋宜助賀良等。尋遂白賀良等皆待詔黃門，數召見，陳說「漢曆中衰，當更受命。成帝不應天命，故絕嗣。今陛下久疾，變異屢數，天所以譴告人也。宜急改元易號，乃得延年益壽，皇子生，災異息矣。得道不得行，咎殃且亡，不有洪水將出，災火且起，滌蕩人民。」

[20] 關於方士以神仙名義所進行的干政活動，可參顧頡剛：《秦漢的方士與儒生》，北京：北京出版社，2012年，第9-25頁（主要為3-5章）。

日，群臣無不稱許，集體上書引經據典，極力要求王莽稱「假皇帝」全權行天子之事。[21]這再次說明，當時的符命風氣已經對整個政治輿論產生了直接的影響。

儘管，這次事件就此結束，但從此數不清的符瑞接踵而至，全國上下再無理性之人，正是這種集體的迷狂最終引導著王莽集團走上了「順應天命」的「神聖道路」，其臨界點便在居攝三年：

> 是歲（居攝三年）廣饒侯劉京、車騎將軍千人扈雲、大保屬臧鴻奏符命。京言齊郡新井，雲言巴郡石牛，鴻言扶風雍石，莽皆迎受。十一月甲子，莽上奏太后曰：「陛下至聖，遭家不造，遇漢十二世三七之厄，承天威命，詔臣莽居攝，受孺子之托，任天下之寄。臣莽兢兢業業，懼於不稱。宗室廣饒侯劉京上書言：『七月中，齊郡臨淄縣昌興亭長辛當一暮數夢，曰：「吾，天公使也。天公使我告亭長曰：『攝皇帝當為真。』即不信我，此亭中當有新井。」亭長晨起視亭中，誠有新井，入地且百尺。』十一月壬子，直建冬至，巴郡石牛，戊午，雍石文，皆到於未央宮之前殿。臣與太保安陽侯舜等視，天風起，塵冥，風止，得銅符帛圖於石前，文曰：『天告帝符，獻者封侯。承天命，用神令。』騎都尉崔發等眂說。及前孝哀皇帝建平二年六月甲子下詔書，更為太初元將元年，案其本事，甘忠可、夏賀良讖書臧蘭台。臣莽以為元將元年者，大將居攝改元之文也，於今信矣。《尚書·康誥》『王若曰：「孟侯，朕其弟，小子封。」』此周公居攝稱王之文也。春秋隱公不言即位，攝也。此二經周公、孔子所定，蓋為後法。孔子曰：『畏天命，畏大人，畏聖人之言。』臣莽敢不承用！臣請共事神祇宗廟，奏言太皇太后、孝平皇后，皆稱假皇帝。其號令天下，天下奏言事，毋言『攝』。以居攝三年為初始元年，漏刻以百二十為度，用應天命。臣莽夙夜養育隆就孺子，

令與周之成王比德，宣明太皇太后威德於萬方，期於富而教之。孺子加元服，復子明辟，如周公故事。」奏可。眾庶知其奉符命，指意群臣博議別奏，以視即真之漸矣。[22]

從王莽的上書，我們不難看出其內心對天命、鬼神的崇信，更是其心路歷程的直接寫照。儘管這些符命不過是居心叵測者有意為之，但卻深深契合了王莽天命唯德、德在朕躬的神學邏輯基點，更為其說服自我「即真」改朝以「致太平」的政治理想提供了充分的輿論支持。

恰在此時，遊學長安的梓潼方士哀章及時地迎合了王莽的內心欲求。哀章為人「素無行，好大言」，自然不會放過任何一個進身的良機。其窺見王莽已經有了成為「真天子」的意圖，便鋌而走險，特製了兩只「銅匱」，其一封存「天帝行璽金匱圖」，另一只則封存「赤帝行璽某傳予黃帝金策書」。圖、書明言王莽為「真天子」，并寫定了王興、王盛以及自己等十一名輔佐大臣（八人為王莽舊臣，王興、王盛二人則純屬杜撰）的官爵封命。當時齊井、石牛等符命早已傳遍京師，哀章深知時機已經成熟，便奉持金匱趕赴高廟，鄭重其事地將圖、書上呈給執掌宗廟祭祀的僕射。結果不出所料，王莽對金匱圖書崇信不已，迫不及待地來到高廟舉行「開匱大典」。[23]在得到太皇太后王政君的妥協和默許後，王莽終於以「真皇帝」的身分下書昭示天下：

予以不德，托於皇初祖考黃帝之後，皇始祖考虞帝之苗裔，而太皇太后之末屬。皇天上帝隆顯大佑，成命統序，符契圖文，金匱策書，神明詔告，屬予以天下兆民。赤帝漢氏高皇帝之靈，承天命，傳國金策之書，予甚祇畏，敢不欽受！以戊辰直定，御王冠，即真天子位，定有天下之號曰新。其改正朔，易服色，變犧牲，殊徽幟，異器制。以十二月朔癸酉為建國元年正月之朔，以雞鳴為時。服色配德上黃，犧牲應正用白，使節之旄旛皆純黃，

---

[22] 同注3，第4093-4094頁。
[23] 同前注，第4095頁。

其署曰『新使五威節』，以承皇天上帝威命也。[24]

詔書中，王莽向天地神明表達了足夠的敬畏之情，并首次以黃帝後裔、虞舜子孫自居，并完全遵照哀章所獻圖、書定國號、封官爵。即便純屬杜撰的王興、王盛也「應卜相，徑從布衣登用，以視神焉」[25]。

最後，王莽意圖通過全面復古以宣揚神德、化身神仙。為了進一步鞏固新朝的神聖統治，甫一稱帝的王莽（或其智囊團）緊接著為自己撰構了一個「神聖」的家族譜系[26]，繼而又向全國頒布了一部主要講述新朝受命於天的《符命》四十二篇[27]。顯然，這種標榜不僅是為了提升自

[24] 同注3，第4095-4096頁。

[25] 同前注，第4101頁。

[26] 秦漢時代，三皇五帝已經成為主宰天地秩序的大神，尤以黃帝的影響最為顯著，秦皇漢武莫不效法於黃帝。而在五德終始觀念中，黃帝還是承順水德的土德之君。漢末士人普遍相信，作為堯後的劉氏之赤德氣數已盡，天命將轉移至承續黃德的舜後王氏。因此，王莽集團通過輿論機器，不斷進行催眠和自我催眠，以此證明新德上應天命的「合法性」，最終實現在心理上說服自我、輿論上說服大眾的目的。具參《漢書》，第4013、4105、4106、4108-4109等頁。

[27] 始建國元年秋，王莽命五威將軍（被稱為天帝太一的使者）王奇等十二人向全國頒布《符命》，其中德祥五事，符命二十五事，福應十二事，共四十二章。其辭曰：「帝王受命，必有德祥之符瑞，協成五命，申以福應，然後能立巍巍之功，傳於子孫，永享無窮之祚。故新室之興也，德祥發於漢三七九世之後。肇命於新都，受瑞於黃支，開王於武功，定命於子同，成命於巴宕，申福於十二應，天所以保佑新室者深矣，固矣！武功丹石出於漢氏平帝末年，火德銷盡，土德當代，皇天眷然，去漢與新，以丹石始命於皇帝。皇帝謙讓，以攝居之，未當天意，故其秋七月，天重以三能文馬。皇帝復謙讓，未即位，故三以鐵契，四以石龜，五以虞符，六以文圭，七以玄印，八以茂陵石書，九以玄龍石，十以神井，十一以大神石，十二以銅符帛圖。申命之瑞，寖以顯著，至於十二，以昭告新皇帝。皇帝深惟上天之威不可不畏，故去攝號，猶尚稱假，改元為初始，欲以承塞天命，克厭上帝之心。然非皇天所以鄭重降符命之意。故是日天複決其以勉書。又侍郎王盱見人衣白布單衣，赤繢方領，冠小冠，立於王路殿前，謂盱曰：『今日天同色，以天下人民屬皇帝。』盱怪之，行十餘步，人忽不見。至丙寅暮，漢氏高廟有金匱圖策：『高帝承天命，以國傳新皇帝。』明旦，宗伯忠孝侯劉宏以聞，乃召公卿議，未決，而大神石人談曰：『趣新皇帝之高廟受命，毋留！』於是新皇帝立登車，之漢氏高廟受命。受命之日，丁卯也。丁，火，漢氏之德也。卯，劉姓所以為字也。明漢劉火德盡，而傳於新室也。皇帝謙謙，既備固讓，十二符應迫著，命不可辭，懼然祇畏，葦然閔漢氏之終不可濟，亹亹在左右之不得從意，

我天命的神聖性，更是對西漢以來之政治神學的全面認定，對此王莽多次直言不諱，并以此作為代漢改制的思想基礎：

> 予之皇始祖考虞帝受嬗於唐，漢氏初祖唐帝，世有傳國之象，予復親受金策於漢高皇帝之靈。
>
> 予前在大麓，至於攝假，深惟漢氏三七之厄，赤德氣盡，思索廣求，所以輔劉延期之述（術），靡所不用。以故作金刀之利，幾以濟之。然自孔子作春秋以為後王法，至於哀之十四而一代畢，協之於今，亦哀之十四也。赤世計盡，終不可強濟。皇天明威，黃德當興，隆顯大命，屬予以天下。今百姓咸言皇天革漢而立新，廢劉而興王。夫「劉」之為字「卯、金、刀」也，正月剛卯，金刀之利，皆不得行。博謀卿士，僉曰天人同應，昭然著明。其去剛卯莫以為佩，除刀錢勿以為利，承順天心，快百姓意。
>
> 帝王受命，必有德祥之符瑞，協成五命，申以福應，然後能立巍巍之功，傳於子孫，永享無窮之祚。故新室之興也，德祥發於漢三七九世之後。肇命於新都，受瑞於黃支，開王於武功，定命於子同，成命於巴宕，申福於十二應，天所以保佑新室者深矣，固矣！[28]

由於王莽的新朝統治基本是以儒家天人感應、五德終始等神學觀念作為基本指導思想，因此，其各類政治措施也很少考慮現實的可行性和有效性，大多只是憑藉符命和災祥作出遵從「神意」的決策。比如，王莽根據玄龍石所刻文辭「定帝德，國雒陽」，絲毫不顧國本動搖和群臣諫阻，雖然最終沒有成行，但卻加劇了各種社會矛盾[29]；王莽又因為日

為之三夜不禦寢，三日不禦食，延問公侯卿大夫，僉曰：『宜奉如上天威命。』於是乃改元定號，海內更始。新室既定，神祇歡喜，申以福應，吉瑞累仍。《詩》曰：『宜民宜人，受祿於天；保右命之，自天申之。』此之謂也。」具參《漢書》，第4112-4114頁。

[28] 同注3，第4108、4108-4109、4112-4113頁。
[29] 同前注，第4132頁。

食、地震等「災異」，任意罷免朝廷大員，十五年間更換八位大司馬，反之，進獻「符命」者皆封官拜爵（儘管兩漢時期，同樣注重符命讖緯，但鮮有如此頻繁、隨意的官爵任免）；為了平息烽煙四起的起兵反抗，王莽親至南郊打鑄用於詛咒、祈福的威斗，從此與之形影不離，甚至當反叛軍攻入未央宮之際，王莽依然緊緊抱著符命和威斗逃亡。相關事件可謂舉不枚舉，這些事例或許有史家誇大其詞之處，但基本可以確定，作為政治神學的催眠者—王莽已經被自己和儒教徒精心建立的神學所催眠，進而完全沉醉在自我構建的神仙國度與太平盛世的幻想中。即便那些讓王莽集團飽受非議、徹底覆滅的「奉古改制」的政治措施，也大多是「神聖」性原則指導下的迷狂之舉。準確說，王莽推行的一系列改制，實際上多不過是引經據典的「更名」運動，更像是一場馳騁個人意氣的鬧劇，如「更名匈奴單於曰降奴服於」、「更名高句驪為下句驪」、「改十一公號，以『新』為『心，』後又改『心』為『信』」等。為了成為「名正言順」的黃帝、周、孔之類的神君、聖賢，王莽付出了眾叛親離的慘痛代價。只可惜王莽的全部改制舉措都沒能達成太平盛世的初衷，即便儒家最為推崇的井田制也在區博的諫阻下不了了之。[30]

三、「神性」的崩塌：神仙信徒王莽

通過前文的論述，我們不難發現，王莽對自我「神性」的極端態度，早已違背了人類逐利的本性。正所謂「君子喻於義小人喻於利」，老百姓一旦習慣了無時無刻為自己「犧牲奉獻」的「神聖」（王莽篡位前總是作為臣民儉樸辭讓、大公無私的表率），便無法接受一個要求自己作為犧牲的「惡魔」。當個體利益受到損害時，趨利避害的本性便會徹底否定自己曾經膜拜的偶像。至於列侯、公卿、官吏與地方豪強等「統治階級」更不會為王莽的「理想」買單，他們大多遵循利益最大化原則，一旦「新」政危及自身利益，便會毫不猶豫走向其對立面。王莽

---

[30] 同注3，詳見第4121、4128、4129-4130、4132、4136-4137等頁。

致命的錯誤就在於始終幻想著自己的「神聖」王國，且試圖用政治手段將這種「神聖」模式強加給自己的臣民。儘管其這些舉措的初衷都是為了惠民利民，但結果卻造成了價值與秩序觀念的大亂。最終，王莽身邊只剩下天真地尋求復古的迂腐儒生（準確說是儒教徒）與巧妙地造作符命以謀取富貴的神仙方士。恰如學界前賢所言，王莽一面扮演著社會主義者、空想家和無私的統治者[31]，另一面又不得不成為所有階級的敵人[32]。因此，從根源上說，王莽的「崇神」心理和行為不僅是神學化的今文經學所結的苦果[33]，更是神性與迷狂之信仰的必然結果。

更讓我們覺得荒唐的是，王莽自始至終都沒有客觀地審視過自己的施政舉措，而是苦苦追索符命的「真義」（其本質仍是儒教的闡聖思維），繼而將政治改革的希望寄託於「天命」的護佑和神仙世界的幻想。比如地皇元年（公元20年）七月壬午日申時，王路堂遭遇暴風雨的摧毀，內憂外患的王莽對此事震恐不已，下書曰：

> 乃壬午餔時，有列風雷雨髮屋折木之變，予甚弁焉，予甚栗焉，予甚恐焉。伏念一旬，迷乃解矣。昔符命文立安為新遷王，臨國雒陽，為統義陽王。是時予在攝假，謙不敢當，而以為公。其後金匱文至，議者皆曰：『臨國雒陽為統，謂據土中為新室統也，宜為皇太子。』自此後，臨久病，雖瘳不平，朝見輒扶輿行。見王路堂者，張於西廂及後閣更衣中，又以皇后被疾，臨且去本就舍，妃妾在東永巷。壬午，列風毀王路西廂及後閣更衣中室。昭

---

[31] 見胡適：〈1900年前的社會主義皇帝王莽〉，載《皇家亞洲學會華北分會會刊》第59輯（1928），第218-230頁。

[32] 參薩金特：〈王莽〉，轉引自（英）崔瑞德、魯惟一：《劍橋中國秦漢史》，北京：中國社會科學出版社，1992年，第248頁。

[33] 對於這一點，孟祥才先生有過專論，其認為：王莽深受董仲舒以來的今文經學影響，迷信天命鬼神和天人感應思想，王莽的政治活動不過是「天人感應的神學目的論與讖緯迷信」的一系列有趣的示範和演習。不過，孟先生僅僅看到了外在神學對王莽思想、性格的深刻影響，卻忽略了王莽思想性格的漸變過程及複雜的內外因素，未免於簡單化和概念化。詳見孟祥才：〈論王莽的思想與性格〉，《煙台大學學報（哲學社會科學版）》1999年第1期，第74-79頁

宵堂池東南榆樹大十圍，東僵，擊東閣，閣即東永巷之西垣也。
皆破折瓦壞，髮屋拔木，予甚驚焉。又候官奏月犯心前星，厥
有占，予甚憂之。伏念紫閣圖文，太一、黃帝皆得瑞以仙，後世
褒主當登終南山。所謂新遷（僊）王者，乃太一新遷（僊）之後
也。統義陽王乃用五統以禮義登陽上遷（僊）之後也。臨有兄而
稱太子，名不正。宣尼公曰：『名不正，則言不順，至於刑罰不
中，民無錯手足。』惟即位以來，陰陽未和，風雨不時，數遇枯
旱蝗螟為災，穀稼鮮耗，百姓苦饑，蠻夷猾夏，寇賊奸宄，人
民正營，無所錯手足。深惟厥咎，在名不正焉。其立安為新遷
（僊）王，臨為統義陽王，幾以保全二子，子孫千億，外攘四
夷，內安中國焉。[34]

從這一詔書中，我們頗能感受其內心的恐慌與驚怖。但這種心理並不指
向國內日益嚴重的天災人禍，而僅僅是擔憂自己因違背「天命」而遭受
懲罰。經過反復思量，王莽最終認為，即位以來種種災變的根源便在於
自己沒有遵照符命之言立王安、王臨為王。於是，王莽決定遵照《紫閣
圖》太一、黃帝得瑞升僊以及儒家名正言順的道統，立王安為新遷王以
為「太一新遷（僊）」，王臨為統義陽王「以禮義登陽上遷（僊）之
後」。王莽深信，通過虔誠的信仰實踐就能得到神仙的護佑，使「子孫
千億」，國泰民安。事實上，對於國家的現狀王莽也非常清楚，只不過
他將這些問題訴諸於天命、神仙、陰陽、災異等毫無關聯的「神祕」因
素，從而錯過了面對、處理問題的有效時機，最終導致了「奉古改制」
的敗亡局面[35]。

受這些神祕觀念的影響，陷入絕境的王莽益發相信神仙、天命之
事，如效法黃帝御女之術，大選妃嬪，造「華蓋九重」以期「登僊」。

---

[34] 同注3，第4159-4160頁。

[35] 比如，王莽多次在詔書中將國家的不幸歸於「陽九之厄，百六之會」、「陽九之
阨，與害氣會」等因素（相關內容《漢書》中共六次提及）。詳見《漢書》，第
4161、4175等頁。

在生命的最後關頭，王莽依然自命周公、孔子，令人「稱說其德及符命事」，高呼「天生德於予，漢兵其如予何」，天真地渴望藉助符命、神僊（如其「皇祖叔父王子僑」）、五行等「皇天」的力量解救自我的困厄[36]。這裡或許有史家的嘲弄和挖苦，但卻深刻反映了王莽觀念的悖謬性。令人覺得諷刺的是，王莽曾將「繆（謬）」作為諡號賜予「背叛」自己的至親，如賜兒子王臨為「繆王」，皇孫王宗為「功崇繆伯」。這從側面說明王莽至死都信仰天命神仙，堅信自己是得皇天之正統的救世主和真命天子，而那些違背自己意志的人們則理所當然成為悖謬天命的愚人。或許，只有迷狂的信仰才能賦予他如此強烈的神聖感，也只有懷抱如此強烈的神聖感才能令他如此決絕、「義無反顧」。

四、結語

　　觀念的發展始終因循著這樣一條基本規律：後起的觀念總能覆蓋前在的觀念，而歷史的真相便深埋於觀念的底層。因此，我們很難在史家所構築的歷史事件中俯拾歷史的真相，而更多時候要在沉積的觀念裡不斷發掘。在神學風氣中成長起來的王莽，擁有著常人無法想象的宏願，也有過觸及「神聖」的輝煌。然而，當人成為神并試圖行使神權的時候，正義的天平必然向邪惡傾斜。王莽自始至終也無法理解，為何自己竭力惠民，卻造成了人們的苦難；自己心向神聖，卻走向了自我的毀滅。因此，與其說王莽是虛偽的野心家，倒不如說他是狂熱的宗教徒。他迷戀儒生描繪的理想王國，亦嚮往方士形容的神仙樂土。所以，當面對讖緯符命與神仙世界的雙重誘惑時，他毫無抵抗力，甚至不假思索地全盤接受并付諸實踐。他以為自己的虔誠信仰足以感動天神，認為自己的艱苦努力必然得到回應。最後，冰冷的歷史告訴他也告訴每一個後來者，無論初衷多麼神聖，付出多大的犧牲，假若行動建立於虛無悖謬的觀念或信仰之上，便永遠結不出理想的花果。

---

[36] 同注3，詳見第4168-4169、4184、4185、4186、4187-4188、4190等頁。

《東亞人文》年刊稿約
CFP of *Journal of East Asian Humanities*, JEH

　　國際學術年刊《東亞人文》（Journal of East Asian Humanities, JEH）秉承「東亞問題、人文關懷、新銳視角」的辦刊理念，以繁體中文集刊的形式於2014年創刊發行，現向學界諸先進公開徵稿。

徵稿內容：與東亞地區有關的人文社科類學術論文、文藝評論、書評、調研報告，原則上要求中文，對於特別優秀的英文稿件，我們會翻譯使用。

字　　數：原則上不低於8000字中文。

一、為利於審稿工作，本刊只接受Word文檔與Email投稿的形式，稿件隨到隨審，不設截稿日期，本期排滿則自動安排進入下一期，一切稿件應為未公開發表（含網際網路），擁有著作權的文章。

二、觀點創新，言之有物、立論有據、立意新穎。雖是學術論文，亦要有人文關懷與可讀性。

三、來稿文責自負，本刊有稿件刪改權，如不同意，請來稿時說明。一切來稿應遵守基本的學術規範，若摘編或引用他人資料，請務必注明。

四、除譯稿、對話、田野調查與調研報告之外，本刊原則上不接受兩名及兩名以上作者署名的文稿，基於文責自負之原則，所有刊稿一概採取真名署名，謝絕一切化名、筆名署名或匿名要求，若確實在寫作過程中受到他人幫助，可在文後以聲明的形式感謝。

五、投稿時除全文外，請提供作者姓名、年齡、性別、工作單位、職稱或職務（若有）、通信地址、郵遞區號、聯繫電話、E-mail 等。此外，為便於識別，本刊按照國際慣例，將作者職稱統分為教授、副教授及助理教授三個等級，並以專任／兼任相區分，而在讀學生則分為博士候選人、碩士研究生與在讀本科生三個等級。

六、本刊以質取稿。無職稱與作者身份限制，尤其歡迎青年學者來稿。

七、按照國際學術慣例，本刊不收取任何形式的審稿費、版面費，出版後贈送樣刊一冊以抵稿酬。

八、本刊旨在為廣大學界同仁提供一個觀點表達、思想爭鳴的平臺，期刊乃學界之公器。惟本刊人手有限，而世間資料浩如煙海，編輯部無力具體核對所投之稿件是否有抄襲、剽竊之嫌。因此，本刊特此聲明：所有來稿，敬請珍惜名譽、文責自負，一旦有違背法律規章或學界倫理之文章，請作者自負其責，本刊不承擔任何連帶責任。

投稿信箱：uncjeh@gmail.com

通　聯：Dr. Robin Visser, New West 210, CB# 3267, University of North Carolina at Chapel Hill, Chapel Hill, NC 27599-3267, USA

東亞人文學刊3　PG1800

東亞人文
2016年卷

主　　編／Robin Visser、樂鋼
執行主編／韓　晗
責任編輯／盧羿珊
圖文排版／莊皓云
封面設計／蔡瑋筠

出版策劃／獨立作家
發 行 人／宋政坤
法律顧問／毛國樑　律師
製作發行／秀威資訊科技股份有限公司
　　　　　地址：114 台北市內湖區瑞光路76巷65號1樓
　　　　　電話：+886-2-2796-3638　傳真：+886-2-2796-1377
　　　　　服務信箱：service@showwe.com.tw
展售門市／國家書店【松江門市】
　　　　　地址：104 台北市中山區松江路209號1樓
　　　　　電話：+886-2-2518-0207　傳真：+886-2-2518-0778
網路訂購／秀威網路書店：https://store.showwe.tw
　　　　　國家網路書店：https://www.govbooks.com.tw

出版日期／2017年7月　BOD一版　定價／280元

|獨立|作家|
Independent Author

寫自己的故事，唱自己的歌

東亞人文. 2016年卷 / Robin Visser, 樂鋼主編.
-- 一版. -- 臺北市：獨立作家, 2017.07
　　面；　公分. -- (東亞人文學刊 ; 3)
　BOD版
　ISBN 978-986-94308-3-8(平裝)

　1. 人文學　2. 社會科學　3. 文集

119.07　　　　　　　　　　　106007189

國家圖書館出版品預行編目

讀者回函卡

感謝您購買本書，為提升服務品質，請填妥以下資料，將讀者回函卡直接寄回或傳真本公司，收到您的寶貴意見後，我們會收藏記錄及檢討，謝謝！
如您需要了解本公司最新出版書目、購書優惠或企劃活動，歡迎您上網查詢或下載相關資料：http:// www.showwe.com.tw

您購買的書名：＿＿＿＿＿＿＿＿＿＿＿＿＿＿＿＿＿＿＿＿＿＿＿

出生日期：＿＿＿＿＿年＿＿＿＿＿月＿＿＿＿＿日

學歷：□高中 (含) 以下　　□大專　　□研究所 (含) 以上

職業：□製造業　□金融業　□資訊業　□軍警　□傳播業　□自由業
　　　□服務業　□公務員　□教職　　□學生　□家管　　□其它＿＿＿

購書地點：□網路書店　□實體書店　□書展　□郵購　□贈閱　□其他

您從何得知本書的消息？

　□網路書店　□實體書店　□網路搜尋　□電子報　□書訊　□雜誌
　□傳播媒體　□親友推薦　□網站推薦　□部落格　□其他＿＿＿＿＿

您對本書的評價：(請填代號　1.非常滿意　2.滿意　3.尚可　4.再改進)

　封面設計＿＿＿　版面編排＿＿＿　內容＿＿＿　文／譯筆＿＿＿　價格＿＿＿

讀完書後您覺得：

　□很有收穫　□有收穫　□收穫不多　□沒收穫

對我們的建議：＿＿＿＿＿＿＿＿＿＿＿＿＿＿＿＿＿＿＿＿＿＿＿

＿＿＿＿＿＿＿＿＿＿＿＿＿＿＿＿＿＿＿＿＿＿＿＿＿＿＿＿＿＿＿

＿＿＿＿＿＿＿＿＿＿＿＿＿＿＿＿＿＿＿＿＿＿＿＿＿＿＿＿＿＿＿

＿＿＿＿＿＿＿＿＿＿＿＿＿＿＿＿＿＿＿＿＿＿＿＿＿＿＿＿＿＿＿

11466
台北市內湖區瑞光路 76 巷 65 號 1 樓

獨立作家讀者服務部　　　收

....

（請沿線對折寄回，謝謝！）

姓　　名：＿＿＿＿＿＿＿＿＿　年齡：＿＿＿＿　性別：□女　□男

郵遞區號：□□□□□

地　　址：＿＿＿＿＿＿＿＿＿＿＿＿＿＿＿＿＿＿＿＿＿＿＿

聯絡電話：(日)＿＿＿＿＿＿＿＿　(夜)＿＿＿＿＿＿＿＿＿＿

E-mail：＿＿＿＿＿＿＿＿＿＿＿＿＿＿＿＿＿＿＿＿＿